Dr. Oetker

WILD
VON A–Z

Über 100 klassische und neue Rezepte

Dr. Oetker

WILD

VON A–Z

Über 100 klassische und neue Rezepte

Dr. Oetker Verlag

Abkürzungen und Hinweise

Abkürzungen

EL	=	Esslöffel
TL	=	Teelöffel
Msp.	=	Messerspitze
Pck.	=	Packung/Päckchen
g	=	Gramm
kg	=	Kilogramm
ml	=	Milliliter
l	=	Liter
evtl.	=	eventuell
Fl.	=	Fläschchen
geh.	=	gehäuft
gestr.	=	gestrichen
TK	=	Tiefkühlprodukt
°C	=	Grad Celsius
Ø	=	Durchmesser

Kalorien-/Nährwertangaben

E	=	Eiweiß
F	=	Fett
Kh	=	Kohlenhydrate
kJ	=	Kilojoule
kcal	=	Kilokalorien

Hinweise zu den Rezepten

Lesen Sie vor der Zubereitung – besser noch vor dem Einkauf – das Rezept einmal vollständig durch. Oft werden Arbeitsabläufe und Zusammenhänge dann klarer. Die Anzahl der Portionen ist in jedem Rezept angegeben. Wildfleisch sollte möglichst durchgegart verzehrt werden.

Zutatenliste

Die Zutaten sind in der Reihenfolge ihrer Verarbeitung angegeben.

Arbeitsschritte

Die Arbeitsschritte sind einzeln hervorgehoben, in der Reihenfolge, in der sie von uns ausprobiert wurden.

Gartemperaturen und Garzeiten

Die in den Rezepten angegebenen Gartemperaturen und -zeiten sind Richtwerte, die je nach individueller Hitzeleistung des Backofens über- oder unterschritten werden können. Die Temperaturangaben beziehen sich auf Elektrobacköfen. Die Temperatur-Einstellmöglichkeiten für Gasbacköfen variieren je nach Hersteller, sodass wir keine allgemeingültigen Angaben machen können.
Bitte beachten Sie deshalb bei der Einstellung des Backofens die Gebrauchsanweisung des Herstellers. Ein Backofenthermometer hilft, die Backofentemperartur im Blick zu haben.

Zubereitungs- und Garzeiten

Die Zubereitungszeit ist ein Anhaltswert für die Zeit der Vorbereitung und die eigentliche Zubereitung. Die Garzeiten sind, in der Regel, gesondert ausgewiesen. Bei den Rezepten setzt sich die Garzeit manchmal aus mehreren Teil-Garzeiten zusammen. Längere Wartezeiten, wie Kühl- und Auftauzeiten, sind nicht miteinbezogen.

Immer häufiger findet der ursprüngliche Wildge-schmack den Weg in unsere Küchen: Denn Wildfleisch ist von Natur aus fettarm und – mit ausgewählten Zutaten zubereitet – ein Genuss, der jeden überzeugt.

Gehören Sie zu den Feinschmeckern, die Wildfleisch aus heimischen Wäldern bevorzugen? Aber auch der Genuss von Wildexoten aus Skandinavien oder Afrika kann Sie begeistern?

Haben Sie sich vielleicht noch nie an die Zubereitung von Wildfleisch getraut? Dann ist jetzt der richtige Zeitpunkt, mit „Wild von A-Z" die Wild-Koch-Saison zu eröffnen. Bereiten Sie nach unseren Wildrezepten den klassischen Rehrücken zu, probieren Sie zarte Elch-steaks und wagen Sie die pfannengerührte Wildente „Asia-Art". Auch Hasensuppe und Springbock-Curry regen zum Nachkochen und Genießen an. Und Wild-sugo mit Nudeln und Perlhuhn auf Balsamico-Linsen gelingen, dank der Schritt-für-Schritt-Anleitungen, einfacher als gedacht.

Im Ratgeber auf den Seiten 156–157 finden Sie zusätzliche Tipps und Hinweise zur Zubereitung von Wildfleisch.

Alle Rezepte wurden wie immer ausprobiert und sind so beschrieben, dass sie Ihnen garantiert gelingen.

Badischer Rehrücken

Mit Alkohol

4 Portionen

Pro Portion:
E: 64 g, F: 28 g, Kh: 36 g, kJ: 3002, kcal: 718

1	*Rehrücken mit Knochen*
	(etwa 1,6 kg)
	Salz, frisch gemahlener Pfeffer
75 g	*durchwachsener Speck,*
	in Scheiben
1	*Zwiebel*
50 g	*Knollensellerie*
100 g	*Möhren*
5	*Wacholderbeeren*
125 ml (⅛ l)	*trockener Rotwein*
2–3	*Birnen, z. B. Williams Christ*
200 ml	*lieblicher Weißwein*
	Saft von
1	*Zitrone*
200 ml	*trockener Rotwein*
250 g	*Schlagsahne*
180 g	*Preiselbeerkompott*
	evtl. dunkler Saucenbinder

Zubereitungszeit: 30 Minuten
Bratzeit: 35–50 Minuten

1. Den Backofen vorheizen.
Ober-/Unterhitze: etwa 200 °C
Heißluft: etwa 180 °C

2. Den Rehrücken unter fließendem kalten Wasser abspülen, mit Küchenpapier trocken tupfen und evtl. enthäuten. Rehrücken mit Salz und Pfeffer einreiben. Rehrücken in einen mit Wasser ausgespülten Bräter legen und mit Speckscheiben belegen.

3. Die Zwiebel abziehen und fein würfeln. Sellerie und Möhren putzen, schälen, abspülen, abtropfen lassen und würfeln. Gemüse in den Bräter geben. Den Bräter ohne Deckel auf dem Rost auf mittlerer Einschubleiste in den vorgeheizten Backofen schieben. Den Rehrücken 35–50 Minuten braten. Sobald der Bratensatz bräunt, Wacholderbeeren und Rotwein zugeben.

4. Inzwischen Birnen abspülen, abtrocknen, halbieren und entkernen (am besten mit einem Kugelausstecher). Die Birnenhälften mit Weißwein und Zitronensaft zum Kochen bringen. Zugedeckt etwa 10 Minuten bei mittlerer Hitze dünsten. Birnen mit einer Schaumkelle aus der Flüssigkeit nehmen und abkühlen lassen.

5. Das gegarte Fleisch aus dem Bräter nehmen, zugedeckt etwa 10 Minuten ruhen lassen, damit sich der Fleischsaft setzt. Den Bratensatz mit Rotwein loskochen, mit dem Gemüse durch ein Sieb streichen, zum Kochen bringen und die Sahne unterrühren. 2 Esslöffel Preiselbeerkompott zugeben, wieder zum Kochen bringen und 3–5 Minuten sprudelnd kochen. Evtl. ausgetretenen Fleischsaft von dem ruhenden Fleisch in die Sauce rühren. Die Sauce nach Belieben mit Saucenbinder andicken und nochmals mit den Gewürzen abschmecken.

6. Speckscheiben entfernen. Fleisch vom Knochengerüst lösen, in Scheiben schneiden und wieder auf das Knochengerüst legen. Rehrücken auf einer vorgewärmten Platte anrichten.

7. Die Birnenhälften mit restlichem Preiselbeerkompott füllen und um den Rehrücken legen. Die Sauce getrennt dazureichen.

Beilage: Spätzle und Rotkohl.

Bisonsteaks mit Kürbis
Etwas teurer
2 Portionen

Pro Portion:
E: 72 g, F: 6 g, Kh: 20 g, kJ: 1418, kcal: 339

2	Bisonsteaks (je etwa 200 g)
	Salz
	frisch gemahlener Pfeffer
2 EL	Speiseöl, z. B. Rapsöl
700 g	Speisekürbis, z. B. Hokkaido
1	Zwiebel
1 Stück	Ingwer (etwa 20 g)
100 ml	Orangensaft
1 TL	Zucker
	frisch geriebene Muskatnuss

Zum Garnieren:
1 Stängel Dill

Zubereitungszeit: 40 Minuten

1. Den Backofen bei Ober-/Unterhitze auf 80 °C vorheizen und einen feuerfesten Teller auf dem Rost auf mittlerer Einschubleiste miterwärmen. Die Bisonsteaks mit Küchenpapier trocken tupfen, mit Salz und Pfeffer bestreuen.

2. Das Speiseöl in einer großen Pfanne erhitzen. Die Steaks darin von jeder Seite 2–3 Minuten anbraten. Die Steaks auf dem vorgewärmten Teller in den vorgeheizten Backofen schieben und 20–30 Minuten garen.

3. Kürbis schälen, entkernen und das Fruchtfleisch in etwa 3 cm große Würfel schneiden. Zwiebel abziehen. Ingwer schälen. Zwiebel und Ingwer klein würfeln.

4. Kürbis mit Orangensaft, Zwiebel- und Ingwerwürfeln in einem Topf unter Rühren zum Kochen bringen und etwa 10 Minuten köcheln lassen. Kürbisgemüse mit Salz, Pfeffer, Zucker und Muskat abschmecken.

5. Dill abspülen, trocken tupfen und in kleinere Stängel zupfen. Bisonsteaks aus dem Backofen nehmen, mit dem Kürbisgemüse auf vorgewärmten Tellern anrichten und mit den kleinen Dillstängeln garnieren.

Beilage: Pommes frites.

Tipp: Hinweise zum Niedertemperaturgaren finden Sie im Ratgeberteil auf S. 157.

Damwild in Dijonsauce

Für Gäste – dauert länger

10 Portionen

Pro Portion:

E: 61 g, F: 14 g, Kh: 5 g, kJ: 1668, kcal: 399

2,8 kg	Damwildkeule ohne Knochen
180 g	Zwiebeln
5 EL	Speiseöl, z. B. Rapsöl
	Salz
	frisch gemahlener Pfeffer
1 EL	Tomatenmark
3 EL	Dijonsenf
500 ml (½ l)	Fleischbrühe
1 TL	Estragon in Öl
2	Lorbeerblätter

Für das Pilzgemüse:

250 g	frische Morcheln
1 kg	Pfifferlinge
150 g	Zwiebeln
5 Stängel	Thymian
2 Zweige	Rosmarin
5 EL	Olivenöl
200 ml	Gemüsebrühe
2 EL	Speisestärke

Zubereitungszeit: 60 Minuten
Garzeit: etwa 5 Stunden

1. Den Backofen bei Ober-/Unterhitze auf 95 °C vorheizen. Die Damwildkeule unter fließendem kalten Wasser abspülen und trocken tupfen, evtl. enthäuten.

2. Zwiebeln abziehen und würfeln. Das Öl in einem großen Bräter erhitzen. Die Keule mit Salz und Pfeffer würzen, in dem Bräter von allen Seiten etwa 10 Minuten anbraten. Zwiebelwürfel hinzufügen und mit anbraten. Tomatenmark und Senf unterrühren.

3. Die Fleischbrühe hinzugießen und kurz aufkochen lassen, Estragon und Lorbeerblätter unterrühren. Den Bräter auf dem Rost im unteren Drittel in den vorgeheizten Backofen schieben. Die Damwildkeule etwa 5 Stunden garen, dabei die Keule 2–3-mal wenden.

4. Etwa 40 Minuten vor dem Ende der Garzeit die Pilze putzen, evtl. kurz abspülen und gut abtropfen lassen. Große Pilze in Stücke schneiden. Zwiebeln abziehen, halbieren und in halbe Ringe schneiden. Kräuter abspülen und trocken tupfen. Thymian in kleine Stängel zupfen, vom Rosmarin die Nadeln abzupfen. Einige Thymianstängel und Rosmarinnadeln zum Garnieren beiseitelegen.

5. Das Olivenöl in einer großen Pfanne erhitzen. Die Zwiebeln darin glasig dünsten. Pilze hinzufügen und andünsten. Kräuter unterrühren. Brühe hinzugießen und kurz aufkochen. Die Pilze bei schwacher Hitze 8–10 Minuten garen, dabei gelegentlich umrühren.

6. Die Damwildkeule aus dem Bräter nehmen und zugedeckt warm stellen. Die Sauce kurz aufkochen lassen. Die Lorbeerblätter aus der Sauce entfernen. Speisestärke in etwas kaltem Wasser anrühren, in die Sauce einrühren und nochmals kurz aufkochen lassen. Die Sauce mit Salz und Pfeffer abschmecken.

7. Die Damwildkeule in Scheiben schneiden. Das Pilzgemüse mit Salz und Pfeffer würzen. Das Damwild mit Sauce, Pilzgemüse und beiseitegelegten Kräutern garniert servieren.

Beilage: Kartoffelpuffer oder Rösti.

Tipp: Hinweise zum Niedertemperaturgaren finden Sie im Ratgeberteil auf S. 157.

Damwildrücken unter einer Pekannusskruste mit frittierten Wirsingstreifen

Mit Alkohol
4–6 Portionen

Pro Portion:
E: 41 g, F: 55 g, Kh: 30 g, kJ: 3300, kcal: 788

Für die Pekanusskruste:

1	rote Zwiebel
120 g	Pekannusskerne
3 EL	Semmelbrösel
70 g	weiche Butter
	Salz
	frisch gemahlener Pfeffer
¼ TL	gerebelter Thymian
800 g	Wirsing
800 g	Damwildrücken ohne Knochen
4 EL	Speiseöl, z. B. Rapsöl
100 ml	Wildfond- oder Fleischbrühe
60 ml	trockener Madeira (Likörwein)
100 g	Schlagsahne
125 g	getrocknete Cranberries

Zum Frittieren:
etwa 600 ml Sonnenblumenöl

Zubereitungszeit: 60 Minuten

1. Zwiebel abziehen und fein würfeln. Nusskerne fein reiben oder im Blitzhacker fein hacken, mit Semmelbröseln, Zwiebelwürfeln und Butter vermengen. Die Masse mit Salz, Pfeffer und Thymian abschmecken.

2. Wirsing putzen, halbieren, vierteln und den Strunk herausschneiden. Wirsing abspülen und gut abtropfen lassen (am besten mit Küchenpapier trocken tupfen). Wirsing in ganz dünne Streifen schneiden.

3. Den Backofen vorheizen.
Ober-/Unterhitze: etwa 200 °C
Heißluft: etwa 180 °C

4. Damwild unter fließendem kalten Wasser abspülen, mit Küchenpapier trocken tupfen und evtl. enthäuten, mit Salz und Pfeffer würzen. Rapsöl in einem Bräter erhitzen. Den Damwildrücken darin etwa 8 Minuten rundherum gut anbraten.

5. Das Fleisch herausnehmen und auf eine ofenfeste Platte oder in eine Auflaufform mit niedrigem Rand legen. Die Pekannussmasse auf das Fleisch streichen.

6. Die Platte oder die Auflaufform auf dem Rost auf mittlerer Einschubleiste in den vorgeheizten Backofen schieben. Den Rücken 8–10 Minuten garen, bis die Nusskruste knusprig braun ist.

7. In der Zwischenzeit Wildfond oder Brühe, Likörwein und die Sahne zum Bratensatz in den Bräter gießen. Den Bratensatz unter Rühren loskochen. Cranberries hinzugeben. Die Sauce etwas einkochen lassen (etwa 5 Minuten). Danach die Sauce mit Salz und Pfeffer abschmecken.

8. Zum Frittieren das Sonnenblumenöl in einem Topf auf etwa 175 °C erhitzen, sodass sich um einen in das Fett gehaltenen Holzlöffelstiel Bläschen bilden. Die Wirsingstreifen darin portionsweise jeweils 1–2 Minuten frittieren. Dann die Wirsingstreifen mit einer Schaumkelle herausnehmen und auf Küchenpapier gut abtropfen lassen.

9. Den Damwildrücken in Scheiben schneiden, mit Sauce und frittierten Wirsingstreifen servieren.

Beilage: Kartoffelpüree.

Tipp: Statt Damwildrücken eignet sich auch Reh- oder Hirschrücken.

Elchrücken, überbackener
Etwas teurer
4–6 Portionen

Pro Portion:
E: 55 g, F: 47 g, Kh: 50 g, kJ: 3526, kcal: 844

etwa 900 g	Elchrücken ohne Knochen
	Salz
	frisch gemahlener Pfeffer
4 EL	Olivenöl
1 Bund	Frühlingszwiebeln
200 g	Doppelrahm-Frischkäse
1	Eigelb (Größe M)
150 g	Crème fraîche
30 g	geriebener Parmesan-Käse
3 EL	Semmelbrösel
1 TL	Paprikapulver edelsüß
1 Prise	Chilipulver
750 g	grüner Spargel
375 ml (³/₈ l)	Wasser
1 gestr. TL	Salz
¹/₂ TL	Zucker
20 g	Butter
750 g	TK-Rösti-Ecken

Zubereitungszeit: 40 Minuten
Garzeit: etwa 45 Minuten

1. Das Fleisch unter fließendem kalten Wasser abspülen, mit Küchenpapier trocken tupfen, evtl. enthäuten, mit Salz und Pfeffer würzen. Öl in einem Bräter erhitzen. Den Elchrücken darin etwa 12 Minuten von allen Seiten gut anbraten, etwas abkühlen lassen.

2. Den Backofen vorheizen.
Ober-/Unterhitze: etwa 200 °C
Heißluft: etwa 180 °C

3. Die Frühlingszwiebeln putzen, abspülen, abtropfen lassen und in feine Ringe schneiden. Den Frischkäse mit Eigelb und Crème fraîche verrühren, Parmesan und Semmelbrösel unterrühren. Die Käsemasse mit Paprikapulver, Salz und Chilipulver würzen.

4. Den Elchrücken mit der Käsemasse bestreichen. Den Bräter auf dem Rost im unteren Drittel in den vorgeheizten Backofen schieben. Den Elchrücken etwa 45 Minuten garen. Wenn die Käsemasse zu stark bräunt, den Elchrücken mit Alufolie abdecken.

5. Vom Spargel das untere Drittel schälen und die unteren Enden abschneiden. Spargel abspülen und abtropfen lassen. Wasser mit Salz, Zucker und Butter in einem Topf zum Kochen bringen. Spargel darin zugedeckt etwa 7 Minuten kochen.

6. Spargel in einem Sieb abtropfen lassen und warm stellen. Die Rösti-Ecken nach Packungsanleitung in einer Pfanne zubereiten.

7. Den Elchrücken aus dem Backofen nehmen, etwa 5 Minuten ruhen lassen, in Scheiben schneiden und mit Rösti-Ecken und grünem Spargel servieren.

Elchsteaks mit Weintrauben-Sauerkraut

Mit Alkohol
4 Portionen

Pro Portion:
E: 45 g, F: 10 g, Kh: 16 g, kJ: 1656, kcal: 396

4	*Elchrückensteaks (je etwa 180 g)*
	Salz
	frisch gemahlener Pfeffer
2 EL	*Speiseöl, z. B. Rapsöl*
600 g	*Sauerkraut*
300 ml	*trockener Weißwein*
60 g	*Schinkenwürfel*
150 g	*grüne, kernlose Weintrauben*
1	*Apfel*
1–2 EL	*Zucker*

Zubereitungszeit: 40 Minuten

1. Den Backofen bei Ober-/Unterhitze auf 80 °C vorheizen. Einen großen, feuerfesten Teller auf dem Rost auf mittlerer Einschubleiste miterwärmen.

2. Die Elchsteaks mit Küchenpapier trocken tupfen, mit Salz und Pfeffer bestreuen.

3. Das Speiseöl in einer großen Pfanne erhitzen. Die Steaks darin von jeder Seite etwa 2 Minuten anbraten. Dann die Steaks auf dem vorgewärmten Teller in den Backofen schieben und 20–30 Minuten garen.

4. In der Zwischenzeit das Sauerkraut in einem Sieb gut abtropfen lassen und evtl. etwas kleiner schneiden. Den Weißwein mit Sauerkraut in einem Topf zum Kochen bringen und etwa 20 Minuten köcheln lassen.

5. Die Schinkenwürfel in einer Pfanne anbraten. Die Weintrauben waschen, abtropfen lassen und entstielen. Apfel schälen, vierteln, entkernen und in kleine Würfel schneiden.

6. Schinken-, Apfelwürfel und Weintrauben unter das Sauerkraut rühren und miterwärmen. Sauerkraut mit Zucker, Salz und Pfeffer abschmecken.

7. Die Elchsteaks aus dem Backofen nehmen und mit dem Weintrauben-Sauerkraut auf vorgewärmten Tellern servieren.

Beilage: Kartoffeln.

Tipp: Hinweise zum Niedertemperaturgaren finden Sie im Ratgeberteil auf S. 157.

Fasan auf dem Kohlbett
Etwas teurer
6 Portionen

Pro Portion:
E: 68 g, F: 25 g, Kh: 26 g, kJ: 2544, kcal: 608

2	*küchenfertige Fasane (je etwa ¾–1 kg)*
1 Bund	*Thymian*
	Salz
	frisch gemahlener Pfeffer
50 g	*Frühstücksspeck in Scheiben (Bacon)*
evtl. etwas	*Geflügelbrühe*
1 kg	*Weißkohl*
250 g	*Zwiebeln*
1–2	*Lorbeerblätter*
2	*Gewürznelken*
250 g	*Möhren*
2 EL	*Olivenöl*
75 g	*Frühstücksspeck in Scheiben (Bacon)*
125 ml (⅛ l)	*Geflügelbrühe*
750 g	*kleine, festkochende Kartoffeln*
1 TL	*Salz*
2 EL	*Olivenöl*

Zubereitungszeit: 1 ¼ Stunden

1. Den Backofen vorheizen.
Ober-/Unterhitze: etwa 220 °C
Heißluft: etwa 200 °C

2. Fasane innen und außen unter fließendem kaltem Wasser abspülen und trocken tupfen. 1 Fasan in Stücke teilen. Thymian abspülen und abtropfen lassen.

3. Den zweiten Fasan innen und außen mit Salz und Pfeffer würzen, mit einem Drittel der Thymianstängel füllen und mit Frühstücksspeck belegen.

4. Den Fasan in einen mit Wasser ausgespülten Bräter legen und auf dem Rost im unteren Drittel in den vor-

geheizten Backofen schieben. Den Fasan etwa 60 Minuten braten, evtl. etwas Geflügelbrühe zugeben.

5. In der Zwischenzeit vom Weißkohl die schlechten äußeren Blätter entfernen. Den Kohlkopf achteln und den Strunk herausschneiden. Kohl abspülen, abtropfen lassen und in feine Streifen schneiden.

6. Zwiebeln abziehen. 1 Zwiebel mit Lorbeerblättern und Nelken spicken. Restliche Zwiebeln fein würfeln. Möhren putzen (nach Belieben etwas Möhrengrün stehen lassen), schälen, abspülen und abtropfen lassen.

7. Olivenöl einem Bräter erhitzen. Die Zwiebelwürfel darin glasig andünsten. Den Speck in Streifen schneiden, mit den Fasanenteilen dazugeben und anbraten. Weißkohlstreifen und Möhren hinzufügen. Gespickte Zwiebel, Brühe und etwa die Hälfte der restlichen Thymianstängel hinzufügen.

8. Kohlgemüse mit Fasanenstücken etwa 30 Minuten schmoren lassen.

9. Inzwischen Kartoffeln unter fließendem Wasser abbürsten und mit Wasser bedeckt in einem Topf zum Kochen bringen. Dann Salz zugeben und die Kartoffeln zugedeckt in etwa 20 Minuten gar kochen. Die garen Kartoffeln abgießen, mit kaltem Wasser abschrecken und pellen. Das Olivenöl in einer Pfanne erhitzen. Die gepellten Kartoffeln darin anbraten, mit Salz und Pfeffer würzen.

10. Kohlgemüse mit Fasanenstücken mit den Gewürzen abschmecken. Die Thymianstängel herausnehmen. Kohlgemüse mit Fasanenstücken und Kartoffeln auf einer großen Platte anrichten. Den ganzen Fasan darauflegen und mit dem restlichen Thymian garniert servieren.

Fasan auf Weinsauerkraut

Mit Alkohol
4 Portionen

Pro Portion:
E: 59 g, F: 23 g, Kh: 20 g, kJ: 2405, kcal: 576

1	Zwiebel
1 Dose	Sauerkraut
	(Abtropfgewicht 770 g)
1	Lorbeerblatt
einige	Pfefferkörner
einige	Wacholderbeeren
	Salz
1	küchenfertiger Fasan (etwa 1 kg)
	frisch gemahlener Pfeffer
2–3 EL	Speiseöl, z. B. Rapsöl
250 ml (¼ l)	Weißwein
6 Scheiben	Frühstücksspeck (Bacon)
200 g	blaue Weintrauben
200 g	grüne Weintrauben
etwas	Zucker
einige Stängel	Petersilie
2	Tomaten

Zubereitungszeit: 40 Minuten
Garzeit: etwa 65 Minuten

1. Den Backofen vorheizen.
Ober-/Unterhitze: etwa 200 °C
Heißluft: etwa 180 °C

2. Zwiebel abziehen und in kleine Würfel schneiden. Zwiebelwürfel mit Sauerkraut, Lorbeerblatt, Pfefferkörnern und Wacholderbeeren vermengen, mit Salz würzen.

3. Fasan innen und außen unter fließendem kalten Wasser abspülen, trocken tupfen und in 6 Stücke teilen. Fasanenstücke mit Salz und Pfeffer einreiben. Das Speiseöl in einem Bräter erhitzen. Die Fasanenstücke darin anbraten und herausnehmen. Das vorbereitete Sauerkraut im Bräter verteilen. Den Weißwein hinzugießen. Die Fasanenstücke auf das Sauerkraut legen. Die Fasanenstücke mit den Speckscheiben belegen. Den Bräter zugedeckt auf dem Rost in den vorgeheiz-

ten Backofen schieben. Die Fasanenstücke mit dem Sauerkraut etwa 55 Minuten garen.

4. Nach etwa 25 Minuten Garzeit den Deckel abnehmen. Das Gericht fertig garen.

5. In der Zwischenzeit Weintrauben waschen, abtropfen lassen, halbieren und entkernen. Die garen Fasanenstücke aus dem Bräter nehmen und zugedeckt warm stellen.

6. Die Weintraubenhälften zu dem Sauerkraut geben, untermengen. Weinsauerkraut mit Zucker abschmecken. Den Bräter mit dem Deckel verschließen und auf dem Rost wieder in den heißen Backofen schieben. Das Sauerkraut noch etwa 10 Minuten bei der oben angegebenen Backofeneinstellung garen.

7. Petersilie abspülen und trocken tupfen. Die Blättchen von den Stängeln zupfen. Einige Blättchen zum Garnieren beiseitelegen. Die restlichen Blättchen klein schneiden. Die Tomaten abspülen, abtrocknen, achteln und die Stängelansätze herausschneiden.

8. Die Fasanenstücke auf dem Sauerkraut mit den Speckscheiben auf einer vorgewärmten Platte anrichten, mit Petersilie bestreuen, mit Tomatenachteln und den beiseitegelegten Petersilienblättchen garnieren.

Beilage: **Kartoffelpüree** (für 4 Portionen). 1 kg mehligkochende Kartoffeln schälen, abspülen, abtropfen lassen und in Stücke schneiden. Kartoffelstücke in einen Topf geben und so viel Wasser hinzugießen, dass die Kartoffeln knapp bedeckt sind. Die Kartoffelstücke zugedeckt zum Kochen bringen. ½ Teelöffel Salz hinzufügen und die Kartoffeln in 15–20 Minuten gar kochen. Dann die Kartoffeln abgießen und sofort mit einem Stampfer oder in einer Kartoffelpresse zerdrücken. Etwa 250 ml (¼ l) Milch in einem kleinen Topf erhitzen. Die heiße Milch nach und nach mit einem Schneebesen oder Kochlöffel unter die Kartoffelmasse rühren (je nach Beschaffenheit der Kartoffeln kann die Milchmenge etwas variieren). Püree bei schwacher Hitze mit einem Schneebesen rühren, bis eine lockere, einheitliche Masse entstanden ist. 50 g Butter unterrühren. Das Püree mit Salz und etwas geriebener Muskatnuss abschmecken.

Fasanenbrühe mit Tomatenklößchen

Für Gäste
4–6 Portionen

Pro Portion:
E: 43 g, F: 15 g, Kh: 14 g, kJ: 1522, kcal: 363

1	*küchenfertiger Fasan (etwa 1 kg)*
1½ l	*Wasser*
2 gestr. TL	*Salz*
1	*Zwiebel*
1	*Möhre*
120 g	*Knollensellerie*
1	*Lorbeerblatt*

Für die Tomatenklößchen:

200 ml	*Milch*
80 g	*Hartweizengrieß*
50 g	*Tomatenmark*
1	*Eigelb (Größe M)*
20 g	*geriebener Parmesan-Käse frisch gemahlener Pfeffer frisch geriebene Muskatnuss*
1 l	*Wasser*
1 gestr. TL	*Salz*
2–3 Stängel	*Petersilie*

Zubereitungszeit: 40 Minuten
Garzeit: etwa 45 Minuten

1. Fasan innen und außen unter fließendem kalten Wasser abspülen, mit Wasser und Salz in einen großen Topf geben, zum Kochen bringen, abschäumen.

2. Zwiebel abziehen und halbieren. Möhre und Sellerie schälen, abspülen, mit den Zwiebelhälften und dem Lorbeerblatt in den Topf geben. Das Ganze ohne Deckel etwa 45 Minuten köcheln lassen, bis sich das Fleisch leicht mit einer Gabel vom Knochen lösen lässt.

3. Für die Tomatenklößchen Milch unter Rühren in einem Topf zum Kochen bringen, Grieß und Tomatenmark einrühren und unter ständigem Rühren noch etwa 1 Minute erhitzen. Den Topf von der Kochstelle nehmen und das Eigelb unterschlagen. Parmesan unterrühren und die Grießmasse mit Salz, Pfeffer und Muskat abschmecken.

4. Mithilfe von 2 Teelöffeln kleine Klößchen aus der Grießmasse formen. Wasser mit Salz in einem Topf zum Kochen bringen. Die Klößchen darin in etwa 5 Minuten gar ziehen lassen. Klößchen in einem Sieb abtropfen lassen.

5. Die Fasanenbrühe durch ein feines Sieb abgießen. Das Fasanenfleisch vom Knochen lösen und klein schneiden. Die Fasanenbrühe evtl. nochmals erhitzen, mit Salz und Pfeffer abschmecken. Fleischstücke und Tomatenklößchen darin erwärmen.

6. Petersilie abspülen, trocken tupfen und die Blättchen von den Stängeln zupfen. Blättchen fein hacken. Die Fasanenbrühe mit Petersilie bestreut servieren.

Fasanenbrust auf Linsen

Fettarm

4 Portionen

Pro Portion:

E: 43 g, F: 5 g, Kh: 46 g, kJ: 1713, kcal: 406

1 Bund	Suppengrün
	(Möhre, Sellerie, Porree)
2	Schalotten
4	Fasanenbrustfilets (etwa 400 g)
	Salz, frisch gemahlener Pfeffer
4 EL	Speiseöl, z. B. Rapsöl

Für die Linsen:

300 g	rote Linsen
500 ml (½ l)	Gemüsebrühe
1–2 EL	Weißwein- oder Sherryessig
1 EL	gehackte Petersilie

Zubereitungszeit: 40 Minuten

1. Den Backofen vorheizen.
Ober-/Unterhitze: etwa 200 °C
Heißluft: etwa 180 °C

2. Suppengrün putzen. Dazu Porree putzen, die Stange längs halbieren, gründlich abspülen, abtropfen lassen und in kleine Stücke schneiden. Möhre und Sellerie putzen, schälen, abspülen, abtropfen lassen und dann ebenfalls in kleine Stücke schneiden. Schalotten abziehen und in kleine Würfel schneiden.

3. Fasanenbrustfilets unter fließendem kalten Wasser abspülen, trocken tupfen, mit Salz und Pfeffer würzen.

4. Speiseöl in einem Bräter erhitzen. Filets darin von allen Seiten gut anbraten. Vorbereitete Gemüsestücke und Schalottenwürfel hinzugeben und mit anbraten. Den Bräter auf dem Rost in den vorgeheizten Backofen schieben. Die Fasanenbrustfilets etwa 10 Minuten garen.

5. In der Zwischenzeit Linsen mit der Gemüsebrühe in einem Topf zum Kochen bringen und etwa 10 Minuten garen. Linsen in ein Sieb abgießen und abtropfen lassen. Linsen mit Essig, Salz und Pfeffer abschmecken.

6. Das Gemüse aus dem Bräter nehmen, mit den Linsen vermengen und auf Tellern anrichten. Fasanenbrustfilets darauflegen und mit Petersilie bestreut servieren.

Tipps: Zum Verfeinern zusätzlich noch 1 Esslöffel Crème fraîche unter das Linsengemüse rühren. Nach Belieben die Fasanenbrust auf Linsen mit Minzeblättchen garnieren.

Fasanenbrust auf Rote-Bete-Carpaccio

Raffiniert

4 Portionen

Pro Portion:
E: 27 g, F: 18 g, Kh: 7 g, kJ: 1247, kcal: 298

4	*Fasanenbrustfilets (etwa 400 g)*
	Salz
	frisch gemahlener Pfeffer
3 EL	*Speiseöl, z. B. Rapsöl*
50 g	*geräucherte Schinkenspeckwürfel*
350 g	*gegarte Rote Bete*
	(gibt es vakuumverpackt)
1	*Schalotte*
4 EL	*Himbeeressig*
4 EL	*Olivenöl*
20 g	*Walnusskerne*
4 Blätter	*Friséesalat*

Zubereitungszeit: 30 Minuten, ohne Abkühlzeit
Garzeit: etwa 12 Minuten

1. Fasanenbrustfilets unter fließendem kalten Wasser abspülen, trocken tupfen, mit Salz und Pfeffer würzen. Speiseöl in einer großen Pfanne erhitzen. Die Fasanenbrustfilets darin von allen Seiten gut anbraten und in etwa 12 Minuten fertig braten.

2. Etwa 2 Minuten vor Ende der Garzeit Schinkenwürfel in die Pfanne geben und mit anbraten. Fasanenbrustfilets herausnehmen und erkalten lassen. Die gebratenen Schinkenwürfel ebenfalls herausnehmen und auf Küchenpapier abtropfen lassen.

3. Die Rote Bete in feine Scheiben schneiden oder hobeln. 4 große Teller mit Rote-Bete-Scheiben dekorativ belegen.

4. Schalotte abziehen und in kleine Würfel schneiden. Schalotten- und Schinkenwürfel vermengen, die Rote-Bete-Scheiben damit bestreuen. Je 1 Esslöffel Himbeeressig und Olivenöl daraufträufeln.

5. Von den Walnusskernen 4 Nusshälften zum Garnieren beiseitelegen. Restliche Walnusskerne klein hacken. Das Rote-Bete-Carpaccio mit Salz, Pfeffer und gehackten Walnusskernen bestreuen.

6. Die Salatblätter abspülen und trocken tupfen. Die Fasanenbrustfilets in Scheiben schneiden und auf dem Carpaccio anrichten. Carpaccio mit Salatblättern und beiseitegelegten Walnusskernhälften garnieren.

Beilage: Geröstete Baguettescheiben.

Tipp: Wenn Sie 2 ganze Fasane bekommen, können Sie die Fasanenbrustfilets herausschneiden und von dem restlichen Fasan eine Fasanenbrühe zubereiten.

Fasanenbrust mit Apfelgemüse und Kartoffelpüree

Einfach
4 Portionen

Pro Portion:
E: 29 g, F: 27 g, Kh: 56 g, kJ: 2491, kcal: 595

1 kg	*mehligkochende Kartoffeln*
	Salzwasser
4	*Fasanenbrustfilets*
	(etwa 400 g)
	Salz
	frisch gemahlener Pfeffer
4 EL	*Speiseöl, z. B. Rapsöl*
2	*Zwiebeln*
4	*säuerliche Äpfel (etwa 800 g),*
	z. B. Cox Orange
2 EL	*Speiseöl,*
	z. B. Rapsöl
1 EL	*brauner Zucker*
1 TL	*gerebelter Majoran*
75 g	*Butter*
250 ml (¼ l)	*Milch*
	frisch geriebene Muskatnuss

Zubereitungszeit: 45 Minuten

1. Die Kartoffeln schälen, abspülen, abtropfen lassen und in kleine Stücke schneiden. Kartoffelstücke mit Salzwasser bedeckt in einem Topf zum Kochen bringen und zugedeckt etwa 20 Minuten garen.

2. In der Zwischenzeit Fasanenbrustfilets unter fließendem kalten Wasser abspülen, trocken tupfen, mit Salz und Pfeffer würzen. Das Speiseöl in einer großen Pfanne erhitzen. Die Fasanenbrustfilets darin von allen Seiten gut anbraten und in etwa 12 Minuten fertig braten. Fasanenbrustfilets herausnehmen und zugedeckt warm stellen.

3. Die Zwiebeln abziehen und in Scheiben schneiden. Äpfel schälen, vierteln, entkernen und grob würfeln. Speiseöl in einem Topf erhitzen. Zwiebelscheiben darin andünsten. Apfelwürfel hinzufügen und unter Rühren 3–4 Minuten dünsten. Apfelgemüse mit Zucker, Salz, Pfeffer und Majoran abschmecken.

4. Kartoffeln abgießen, abdämpfen und sofort durch eine Kartoffelpresse drücken. Butter hinzugeben. Die Milch aufkochen, mit einem Schneebesen nach und nach unter die Kartoffelmasse rühren. Das Püree bei schwacher Hitze so lange mit einem Schneebesen rühren, bis eine einheitlich lockere Masse entstanden ist. Püree mit Salz und Muskat würzen.

5. Fasanenbrustfilets mit Apfelgemüse und Kartoffelpüree auf Tellern anrichten.

Tipps: Das Kartoffelpüree in einen Spritzbeutel mit großer Sterntülle füllen und das Püree spiralförmig auf die Teller spritzen, mit Majoranblättchen garnieren.

Frischlingsbrust, gebacken mit Kratzete und Spargel

Dauert länger

6–8 Portionen

Pro Portion:

E: 46 g, F: 33 g, Kh: 29 g, kJ: 2516, kcal: 600

1	*Frischlingsbrust mit Rippen*
	(etwa 1 ½ kg)
1	*Zwiebel*
1	*Lorbeerblatt*
1	*Gewürznelke*
	Salzwasser

Für das Spargelgemüse:

1 ½ kg	*weißer Spargel*
1 TL	*Salz*
1 TL	*Butter*
1 Prise	*Zucker*
30 g	*Butter*
25 g	*Weizenmehl*
500 ml (½ l)	*Spargelfond*
2	*Eigelb*
	Salz
	frisch gemahlener Pfeffer
	frisch geriebene Muskatnuss
1–2 EL	*Schnittlauchröllchen*

Für die Kratzete:

150 g	*Weizenmehl*
250 ml (¼ l)	*Milch*
1 TL	*Speiseöl, z. B. Sonnenblumenöl*
2	*Eier*
2	*Eiweiß*
30 g	*Butter*
2	*Eier*
80 g	*Semmelbrösel*

Zum Ausbacken:

etwa 500 ml	
(½ l)	*Speiseöl, z. B. Sonnenblumenöl*

Zubereitungszeit: 90 Minuten, ohne Abkühlzeit
Garzeit: etwa 1 ¾ Stunden

1. Die Frischlingsbrust unter fließendem kalten Wasser abspülen, trocken tupfen und enthäuten. Die Zwiebel abziehen und das Lorbeerblatt mit der Gewürznelke aufspicken. Salzwasser in einem großen Topf zum Kochen bringen.

2. Die Spickzwiebel und die Frischlingsbrust in den Topf geben. Das Ganze wieder zum Kochen bringen, abschäumen. Das Fleisch zugedeckt bei schwacher Hitze etwa 1 ¾ Stunden köcheln. Das gare Fleisch aus dem Sud nchmcn und erkalten lassen.

3. Für das Spargelgemüse den Spargel von oben nach unten schälen. Darauf achten, dass die Schalen vollständig entfernt, die Köpfe aber nicht verletzt werden. Die unteren Enden abschneiden (holzige Stellen vollkommen entfernen). Spargel abspülen und abtropfen lassen.

4. Wasser in einem Topf zum Kochen bringen. Salz, Butter, Zucker und Spargel hinzufügen, zum Kochen bringen und zugedeckt in 8–10 Minuten bissfest oder in 12–15 Minuten weich kochen. Den Spargel in einem Sieb abtropfen lassen, dabei den Spargelfond auffangen, 500 ml (½ l) davon abmessen. Den Spargel warm stellen.

5. Die Butter in dem Topf zerlassen. Das Mehl unter Rühren darin erhitzen, bis es hellgelb ist. Die abgemessene Spargelflüssigkeit nach und nach hinzugießen, mit einem Schneebesen kräftig durchschlagen. Dabei darauf achten, dass keine Klümpchen entstehen. Die Sauce etwa 5 Minuten köcheln lassen. Den Topf von der Kochstelle nehmen. Eigelbe mit etwas Wasser verschlagen und unter die Sauce schlagen. Die Spargelsauce mit Salz, Pfeffer und Muskatnuss abschmecken.

6. Den Spargel in die Sauce geben, Schnittlauchröllchen unterrühren und auf der ausgeschalteten Kochstelle warm halten.

7. Für die Kratzete Mehl mit Milch und Öl so verrühren, dass keine Klümpchen mehr vorhanden sind. Die Eier unterrühren. Den Teig mit Salz, Pfeffer und Muskatnuss abschmecken. Eiweiß steif schlagen und unter den Teig heben.

8. Die Hälfte der Butter in einer beschichteten Pfanne zerlassen. Den Teig in die Pfanne gießen. Die Teigmasse bei mittlerer Hitze von unten goldbraun backen, dann mit einem Pfannenwender in 4 Teile teilen und wenden. Dabei die restliche Butter in die Pfanne geben. Die Teigmasse auch von der anderen Seite goldbraun backen und dann in kleine Stücke zupfen.

9. Vom erkalteten Fleisch die Rippen und Knorpelstücke entfernen. Das Fleisch in etwa 3 cm starke Balken schneiden.

10. Die Eier in einem tiefen Teller verschlagen. Die Fleischstücke zunächst durch die Eiermasse ziehen, am Tellerrand abstreifen und anschließend in Semmelbröseln wenden. Panade andrücken.

11. Zum Ausbacken das Speiseöl in eine Pfanne etwa 2 cm hoch hineingießen. Das Öl auf etwa 175 °C erhitzen, sodass sich um einen in das Fett gehaltenen Holzlöffelstiel Bläschen bilden.

12. Die panierten Fleischstücke darin in 2 Portionen jeweils 4–5 Minuten ausbacken, dabei die Fleischstücke einmal wenden. Die Fleischstücke mit einer Schaumkelle herausnehmen, auf Küchenpapier gut abtropfen lassen.

13. Die ausgebackenen Frischlingsbruststücke mit dem Spargelgemüse und der Kratzete sofort servieren.

Tipp: Nach Belieben die gebackene Frischlingsbrust mit Zitronenvierteln und Schnittlauchhalmen anrichten.

Frischlingskeule mit Portweinsauce

Mit Alkohol
6 Portionen

Pro Portion:
E: 48 g, F: 23 g, Kh: 66 g, kJ: 3046, kcal: 727

1	Frischlingskeule ohne Knochen (etwa 1,2 kg)
	Salz, frisch gemahlener Pfeffer
50 g	Butterschmalz
400 ml	Wildfond
40 g	Rosinen
3 EL	Weinbrand
2 Dosen	Mandarinen (Abtropfgewicht 350 g) oder 6 frische Mandarinen
250 ml (¼ l)	Portwein
evtl. 1 EL	Weizenmehl
2 EL	kaltes Wasser

Für die Spätzle:

400 g	getrocknete Spätzle
	Salzwasser
40 g	Butter
	frisch geriebene Muskatnuss

Zubereitungszeit: 35 Minuten
Garzeit: etwa 90 Minuten

1. Frischlingskeule unter fließendem kalten Wasser abspülen, trocken tupfen, evtl. enthäuten, mit Salz und Pfeffer würzen. Butterschmalz in einem Bräter zerlassen. Die Keule darin rundherum gut anbraten. Dann die Hälfte des Wildfonds hinzugießen.

2. Die Keule zugedeckt etwa 1 ¼ Stunden garen lassen, nach und nach den restlichen Fond hinzufügen. In der Zwischenzeit die Rosinen in Weinbrand einweichen.

3. Die Mandarinen aus der Dose in einem Sieb abtropfen lassen. Frische Mandarinen schälen und filetieren. Portwein mit den Rosinen und den Mandarinenfilets zum Braten geben, etwa 10 Minuten mitgaren.

4. Die Sauce nochmals mit Salz und Pfeffer abschmecken, evtl. mit etwas angerührtem Mehl binden. Dann die Sauce etwa 5 Minuten köcheln lassen.

5. Etwa 20 Minuten vor dem Ende der Garzeit die Spätzle nach Packungsanleitung in Salzwasser zubereiten. Die garen Spätzle in ein Sieb geben, mit kaltem Wasser übergießen und abtropfen lassen.

6. Butter zerlassen und die Spätzle darin schwenken, mit Salz, Pfeffer und Muskatnuss abschmecken, warm stellen.

7. Das Fleisch aus der Sauce nehmen und in Scheiben schneiden. Das Fleisch mit Spätzle und Sauce servieren.

Tipp: Probieren Sie doch einmal **selbst gemachte Spätzle.** Dazu für 4 Portionen 250 g Weizenmehl in eine Rührschüssel geben. 3 Eier (Größe M), ½ Teelöffel Salz, 1 Messerspitze geriebene Muskatnuss und etwa 100 ml Wasser oder Milch zugeben. Die Zutaten mit einem Holzlöffel verrühren, dabei darauf achten, dass keine Klümpchen entstehen. Den Teig so lange rühren, bis er eine zähe, dickflüssige Konsistenz hat und Blasen wirft. Dann 3 Liter Wasser in einem großen Topf zugedeckt zum Kochen bringen. 3 Teelöffel Salz zugeben. Den Teig portionsweise mit einem Spätzlehobel oder durch eine Spätzlepresse in das kochende Salzwasser geben. 3–5 Minuten gar kochen (Spätzle sind gar, wenn sie an der Oberfläche schwimmen). Die gegarten Spätzle mit einer Schaumkelle aus dem Wasser nehmen, in ein Sieb geben, mit kaltem Wasser abschrecken und abtropfen lassen. 40 g Butter in einer Pfanne bräunen, die Spätzle darin schwenken.

Frischlingskoteletts in Biermarinade

Mit Alkohol
4 Portionen

Pro Portion:
E: 56 g, F: 28 g, Kh: 63 g, kJ: 3271, kcal: 781

Für die Biermarinade:

250 ml (¼ l)	helles Bier
1 EL	Tomatenmark
125 ml (⅛ l)	Wasser
1	Lorbeerblatt
1	Gewürznelke
6	Wacholderbeeren
	Salz
	frisch gemahlener Pfeffer
1	Zwiebel

8	Frischlingskoteletts (je etwa 150 g)
4 EL	Rapsöl
	Salz
	frisch gemahlener Pfeffer

200 g	gemischte Trockenfrüchte oder Backpflaumen ohne Stein
1 Stange	Zimt
125 ml (⅛ l)	Portwein

Für die Kartoffelrösti:

600 g	Kartoffeln
2 EL	Zitronensaft
2	Eier (Größe M)
1 EL	gerebelter Majoran
1	Gemüsezwiebel
4–5 EL	Rapsöl

Zubereitungszeit: 60 Minuten, ohne Marinierzeit

1. Für die Biermarinade das Bier mit Tomatenmark und Wasser verrühren. Lorbeerblatt zerkleinern, Nelke und Wacholderbeeren zerdrücken und hinzugeben. Die Marinade mit Salz und Pfeffer würzen.

2. Zwiebel abziehen, würfeln und in die Marinade geben.

3. Die Frischlingskoteletts unter fließendem kaltem Wasser abspülen, trocken tupfen, in die Marinade legen und zugedeckt im Kühlschrank etwa 1 Stunde marinieren.

4. Die Koteletts aus der Marinade nehmen und trocken tupfen. Rapsöl in einer Pfanne erhitzen. Die Koteletts darin von jeder Seite kurz anbraten, mit Salz und Pfeffer würzen, im Backofen bei Ober-/Unterhitze: etwa 95 °C zugedeckt warm stellen.

5. Trockenfrüchte oder Backpflaumen mit Zimt und Portwein in einem Topf aufkochen, etwa 15 Minuten ziehen lassen. Zimtstange herausnehmen und das Obst pürieren. Die Biermarinade durch ein Sieb streichen, zu dem Trockenobstpüree geben und zu einer sämigen Sauce einkochen. Sauce mit Salz und Pfeffer abschmecken.

6. Für die Kartoffelrösti die Kartoffeln schälen, abspülen, abtropfen lassen, fein raspeln und mit Zitronensaft beträufeln. Eier verquirlen, mit Majoran, Salz und Pfeffer würzen. Die Gemüsezwiebel abziehen und fein würfeln. 1 Esslöffel Öl in einer Pfanne erhitzen und Zwiebelwürfel darin andünsten.

7. Die Kartoffeln mit Eimasse und Zwiebel vermengen. Die Hälfte des restlichen Öls in einer zweiten Pfanne erhitzen. Die Kartoffelmasse zu kleinen runden Fladen formen und die Hälfte davon darin von beiden Seiten 3–4 Minuten goldbraun braten. Restliches Öl in der Pfanne erhitzen und die restlichen Kartoffelrösti ebenso zubereiten.

Frischlingsrückenfilet in der Walnusskruste mit Schupfnudeln

Mit Alkohol
6 Portionen

Pro Portion:
E: 49 g, F: 46 g, Kh: 67 g, kJ: 3736, kcal: 893

Für die Walnusskruste:

125 g	weiche Butter
1	Eigelb (Größe M)
3	zerdrückte, fein gehackte Wacholderbeeren
1 TL	gerebelter Thymian
80 g	fein gehackte Walnusskerne
2–3 EL	Semmelbrösel

Für den Frischlingsrücken:

1,2 kg	Frischlingsrückenfilet
	Salz
	frisch gemahlener Pfeffer
3 EL	Speiseöl, z. B. Olivenöl

Für die Wildsauce:

1	rote Zwiebel
2 Stängel	Thymian
400 ml	Wildfond
200 ml	Rotwein
100 ml	schwarzer Johannisbeernektar
2	Wacholderbeeren
2	Lorbeerblätter
2	Gewürznelken
10	Pfefferkörner
1 EL	Tomatenmark
2 EL	Wildpreiselbeeren (aus dem Glas)
evtl. etwas	Saucenbinder

Für die Schupfnudeln:

50 g	Butter
1–1,2 kg	Schupfnudeln (aus dem Kühlregal)
1 TL	gehackte Petersilie

Zubereitungszeit: 60 Minuten

1. Den Backofen vorheizen.
Ober-/Unterhitze: etwa 120 °C
Heißluft: etwa 100 °C

2. Für die Walnusskruste Butter mit Eigelb, Wacholderbeeren, Thymian, Walnusskernen und so viel Semmelbröseln verrühren, dass eine streichfähige Masse entsteht.

3. Für den Frischlingsrücken das Filet mit Küchenpapier trocken tupfen, evtl. enthäuten, mit Salz und Pfeffer würzen. Das Öl in einer ofenfesten Pfanne erhitzen. Das Fleisch darin von allen Seiten 3–4 Minuten anbraten.

4. Die Masse für die Nusskruste auf das Filet streichen, etwas andrücken. Die Pfanne auf dem Rost in den vorgeheizten Backofen schieben. Das Filet etwa 40 Minuten garen.

5. In der Zwischenzeit für die Wildsauce die Zwiebel abziehen und grob würfeln. Thymian abspülen und trocken tupfen.

6. Wildfond, Rotwein und Johannisbeernektar in einen Topf geben. Zwiebelwürfel, Thymianstängel, Wacholderbeeren, Lorbeerblätter, Nelken und Pfefferkörner hinzugeben. Tomatenmark unterrühren.

7. Das Ganze zum Kochen bringen, auf etwa 500 ml (1/2 l) einkochen lassen.

8. Die Sauce durch ein feines Sieb in einen Topf abgießen. Die Sauce nochmals kurz aufkochen lassen, Preiselbeeren unterrühren. Sauce mit Salz und Pfeffer abschmecken.

9. Nach Belieben die Sauce mit etwas Saucenbinder andicken.

10. Für die Schupfnudeln die Butter in einer großen Pfanne zerlassen. Die Schupfnudeln darin nach Packungsanleitung zubereiten. Schupfnudeln mit Salz und Pfeffer würzen und mit Petersilie bestreuen.

11. Das Frischlingsrückenfilet in Scheiben schneiden, mit Sauce und Schupfnudeln servieren.

Frischlingsschäufele im Brotteig
Für Gäste
6–8 Portionen

Pro Portion:
E: 57 g, F: 9 g, Kh: 47 g, kJ: 2115, kcal: 505

1	Frischlingsschulter ohne Knochen (etwa 1¾ kg)
1 TL	gerebelter Thymian
15	zerdrückte Wacholderbeeren
	Salz
	frisch gemahlener Pfeffer
1 Stück	Ingwer (etwa 20 g)
1	Zwiebel
1	Lorbeerblatt
1	Gewürznelke
	Salzwasser
1 TL	Senfkörner
1 TL	schwarze Pfefferkörner
500 g	Roggenbrotteig-Mischung

Außerdem:

	Küchengarn
etwas	Mehl für die Arbeitsfläche
etwas	Wasser zum Bestreichen

Zubereitungszeit: 40 Minuten, ohne Abkühl- und Ruhezeit
Garzeit: 1¾ Stunden
Backzeit: etwa 45 Minuten

1. Die Frischlingsschulter unter fließendem kalten Wasser abspülen, trocken tupfen, enthäuten und das Fett abschneiden. Die Schulter innen jeweils mit der Hälfte des Thymians und der Wacholderbeeren sowie mit Salz und Pfeffer bestreuen. Die Schulter zu einem Rollbraten aufrollen und mit Küchengarn zusammenbinden.

2. Ingwer schälen, abspülen, abtropfen lassen und in Scheiben schneiden. Zwiebel abziehen und das Lorbeerblatt mit der Gewürznelke aufspicken. Salzwasser in einem großen Topf zum Kochen bringen. Die Spickzwiebel, restlichen Thymian, restliche Wacholderbee-ren, Senf- und Pfefferkörner sowie die Ingwerscheiben hinzufügen.

3. Das Fleisch in den Topf geben und das Ganze wieder zum Kochen bringen, abschäumen. Das Fleisch zugedeckt bei schwacher Hitze etwa 1¾ Stunden köcheln lassen. Dann das Fleisch im Sud erkalten lassen.

4. Die Roggenbrotteigmischung nach Packungsanleitung zubereiten, auf einer leicht bemehlten Arbeitsfläche zu einem Quadrat von etwa 30 x 30 cm ausrollen.

5. Den Backofen vorheizen.
Ober-/Unterhitze: etwa 200 °C
Heißluft: etwa 180 °C

6. Das gekochte Fleisch aus dem Sud nehmen, abtropfen lassen, trocken tupfen und auf den ausgerollten Brotteig legen. Die Ränder mit etwas kaltem Wasser bestreichen. Den Teig so auf das Fleisch legen, dass das Fleisch eingepackt ist. Dabei die Ränder gut andrücken.

7. Das Päckchen mit der Naht nach unten auf ein Backblech (mit Backpapier belegt) legen und etwa 10 Minuten ruhen lassen. Dann das Backblech im unteren Drittel in den vorgeheizten Backofen schieben. Das Frischlingsschäufele im Brotteig etwa 45 Minuten backen und während des Backens den Brotteig noch 1–2-mal mit Wasser bestreichen.

8. Nach dem Backen das Frischlingsschäufele im Brotteig etwa 5 Minuten ruhen lassen, danach in Scheiben schneiden und servieren.

Tipps: Das Frischlingsschäufele im Brotteig mit Senf oder Meerrettich servieren. Oder reichen Sie einen **pikanten Senfdip** dazu. Dafür 300 g Crème fraîche, 100 g Magerquark, 75 g süßen Senf, 50 g mittelscharfen Senf mit etwas Milch zu einer cremigen Konsistenz verrühren. 2 Dillstängel, 1 Bund Kerbel und 1 Bund Petersilie abspülen, trocken tupfen und die Blättchen bzw. Spitzen von den Stängeln zupfen. Blättchen und Spitzen fein hacken und unterrühren. Den Dip mit Salz und frisch gemahlenem Pfeffer abschmecken.

Hase, geschmorter
Mit Alkohol
6 Portionen

Pro Portion:
E: 58 g, F: 16 g, Kh: 76 g, kJ: 3215, kcal: 768

1	*küchenfertiger Hase*
	(etwa 1 ½ kg, mit Leber)
2–3 Zweige	*Rosmarin*
700 ml	*Rotwein*
1 Bund	*Suppengrün*
	(Möhre, Sellerie, Porree)
4 EL	*Olivenöl*
200 ml	*Rotwein*
	Salz
2 EL	*Tomatenmark*
4 l	*Wasser*
4 gestr. TL	*Salz*
500 g	*Bandnudeln*
6 Scheiben	*Weißbrot*
200 ml	*heiße Fleischbrühe*

Zubereitungszeit: 50 Minuten, ohne Marinierzeit
Garzeit: etwa 95 Minuten

1. Hase evtl. enthäuten und entfetten. Die Leber beiseitelegen. Den Hasen in etwa 20 Stücke teilen. Die Fleischstücke unter fließendem kalten Wasser abspülen, trocken tupfen und in eine flache Schale legen.

2. Rosmarin abspülen und trocken tupfen. Die Fleischstücke mit Rotwein übergießen, Rosmarin hinzufügen. Fleischstücke zugedeckt im Kühlschrank über Nacht marinieren.

3. Suppengrün putzen, schälen, abspülen und abtropfen lassen. Gemüse klein schneiden.

4. Das Olivenöl in einem Bratentopf erhitzen und die Gemüsestücke darin andünsten. Rotwein hinzufügen, zum Kochen bringen und etwa 10 Minuten einkochen lassen. Die Fleischstücke aus der Marinade nehmen, trocken tupfen und zum Gemüse geben. Mit Salz würzen. Das Fleisch bei schwacher Hitze etwa 1 ½ Stun-

den köcheln lassen. Dabei nach und nach die Rotweinmarinade hinzugießen.

5. Wenn die Rotweinmarinade verkocht ist, Tomatenmark und die abgespülte, klein geschnittene Leber unterrühren, etwa 5 Minuten kochen lassen.

6. Das Wasser in einem großen Topf zugedeckt zum Kochen bringen. Dann Salz und Nudeln zugeben. Die Nudeln im geöffneten Topf bei mittlerer Hitze nach Packungsanleitung kochen lassen, dabei gelegentlich umrühren.

7. Anschließend die Nudeln in ein Sieb geben, mit heißem Wasser abspülen und abtropfen lassen.

8. Die Fleischstücke herausnehmen und auf gerösteten und in Fleischbrühe getauchten Brotscheiben anrichten. Etwas Sauce daraufgießen.

9. Nudeln mit der restlichen Sauce vermengen und etwa 2 Minuten durchziehen lassen. Die Hasenstücke mit den Nudeln servieren.

Hasenfilet mit Backpflaumen

Schnell
4 Portionen

Pro Portion:
E: 46 g, F: 19 g, Kh: 33 g, kJ: 2044, kcal: 489

etwa 750 g	*Hasenfilet*
	Salz
¼ TL	*gemahlene Gewürznelken*
	frisch gemahlener Pfeffer
50 g	*roher Schinken*
4 EL	*Speiseöl, z. B. Rapsöl*
200 g	*Backpflaumen ohne Stein*
100 ml	*Wildfond oder Fleischbrühe*
100 ml	*roter Traubensaft*
1 EL	*Crème fraîche*

Zubereitungszeit: 35 Minuten
Garzeit: etwa 25 Minuten

1. Das Filet mit Küchenpapier trocken tupfen und evtl. enthäuten. Salz, Nelken und Pfeffer vermischen, das Fleisch damit einreiben.

2. Schinken in feine Streifen schneiden. Das Öl in einer Pfanne erhitzen.

3. Das Filet darin rundherum anbraten. Schinken hinzufügen und ebenfalls anbraten.

4. Die Backpflaumen vierteln und zum Fleisch geben. Wildfond oder Fleischbrühe und Traubensaft hinzugießen. Das Ganze anschließend etwa 25 Minuten langsam garen.

5. Crème fraîche unterrühren. Die Sauce mit Salz und Pfeffer abschmecken und mit dem in Scheiben geschnittenen Fleisch servieren.

Beilage: Herzoginkartoffeln oder Kroketten.

Hasenfilet mit Mairübchengemüse

Für Gäste
4 Portionen

Pro Portion:
E: 35 g, F: 16 g, Kh: 9 g, kJ: 1360, kcal: 326

2	*Zwiebeln*
600 g	*Hasenrückenfilet*
2 EL	*Speiseöl, z. B. Sonnenblumenöl*
	Salz
	frisch gemahlener Pfeffer
1–2 TL	*gerebelter Rosmarin oder Thymian*
250 ml (¼ l)	*Gemüse- oder Fleischbrühe*

600 g	*Mairübchen*
1 EL	*Butter*
25 ml	*Gemüsebrühe*
1 EL	*gehackte Petersilie*

1 EL	*Tomatenmark*
1 EL	*Crème double*
1–2 TL	*Wildpreiselbeeren (aus dem Glas)*

Zubereitungszeit: 40 Minuten, ohne Ruhezeit
Garzeit: etwa 20 Minuten

1. Den Backofen vorheizen.
Ober-/Unterhitze: etwa 180 °C
Heißluft: etwa 160 °C

2. Die Zwiebeln abziehen und in Würfel schneiden. Das Hasenfilet mit Küchenpapier trocken tupfen, evtl. enthäuten.

3. Öl in einem Bräter erhitzen. Die Hasenrücken darin rundherum anbraten, mit Salz, Pfeffer und Rosmarin oder Thymian würzen. Zwiebelwürfel mit Brühe in den Bräter geben und aufkochen lassen.

4. Den Bräter auf dem Rost in den vorgeheizten Backofen schieben. Das Filet etwa 20 Minuten garen.

5. In der Zwischenzeit Mairübchen putzen, schälen, abspülen, abtropfen lassen und in Stifte schneiden. Die Butter in einer Pfanne zerlassen. Die Mairübchen-

stifte darin andünsten. Gemüsebrühe hinzugeben und zugedeckt etwa 5 Minuten garen. Mairübchengemüse mit Salz und Pfeffer abschmecken, Petersilie unterrühren.

6. Das gare Fleisch aus dem Bräter nehmen, vor dem Schneiden etwa 10 Minuten zugedeckt ruhen lassen, damit sich der Fleischsaft setzt.

7. Den Bratensatz mit den Zwiebeln pürieren. Tomatenmark und Crème double unterrühren. Die Sauce mit Salz, Pfeffer und Wildpreiselbeeren abschmecken.

8. Das Filet in Scheiben schneiden. Evtl. ausgetretenen Fleischsaft unter die Sauce rühren. Hasenfilet mit Sauce und Mairübchengemüse servieren.

Beilage: Spätzle oder Kroketten.

Tipp: Anstelle von Crème Double können Sie auch Crème fraîche verwenden.

Hasenfilet mit Pfifferling-Weintrauben-Sauce

Mit Alkohol
4 Portionen

Pro Portion:
E: 36 g, F: 29 g, Kh: 14 g, kJ: 2060, kcal: 494

600 g	Hasenfilet
	Salz
	frisch gemahlener Pfeffer
5 EL	Speiseöl, z. B. Rapsöl
4	Schalotten
150 g	Pfifferlinge
250 g	grüne, kernlose Weintrauben
250 ml (¼ l)	trockener Rotwein
1–2 Stängel	Rosmarin
150 g	Crème fraîche
1 EL	mittelscharfer Senf
½ TL	gerebelter Thymian

Zubereitungszeit: 30 Minuten
Garzeit: etwa 30 Minuten

1. Den Backofen bei Ober-/Unterhitze auf 80 °C vorheizen. Einen feuerfesten Teller oder eine Auflaufform mit niedrigem Rand auf mittlerer Einschubleiste auf dem Rost miterwärmen.

2. Das Hasenfilet mit Küchenpapier trocken tupfen, evtl. enthäuten. Anschließend das Hasenfilet mit Salz und Pfeffer würzen.

3. Speiseöl in einer Pfanne erhitzen. Das Hasenfilet darin etwa 10 Minuten von allen Seiten gut anbraten.

4. Dann das Filet auf dem vorgewärmten Teller oder in der Auflaufform in den vorgeheizten Backofen schieben und etwa 30 Minuten garen. Die Pfanne mit dem Bratensatz beiseitestellen.

5. Schalotten abziehen und in Scheiben schneiden. Pfifferlinge putzen, evtl. kurz abspülen und gut abtropfen lassen. Größere Pfifferlinge etwas kleiner schneiden. Weintrauben waschen, abtropfen lassen und entstielen.

6. Beiseitegestellte Pfanne erhitzen. Die Schalottenscheiben darin anbraten. Pfifferlinge hinzufügen, diese ebenfalls kurz anbraten. Rotwein einrühren und die Sauce etwa 10 Minuten köcheln lassen.

7. Rosmarin abspülen, trocken tupfen und die Nadeln von den Stängeln zupfen. Die Nadeln hacken. Crème fraîche und Senf in die Sauce einrühren. Sauce mit Thymian, Salz und Pfeffer abschmecken. Weintrauben unterrühren und kurz miterwärmen. Das Hasenfilet in Scheiben schneiden, mit Sauce und Rosmarin bestreut servieren.

Beilage: Kartoffelpüree.

Tipp: Hinweise zum Niedertemperaturgaren finden Sie im Ratgeberteil auf S. 157.

Hasenkeulen
Klassisch
4 Portionen

Pro Portion:
E: 51 g, F: 18 g, Kh: 5 g, kJ: 1746, kcal: 416

4	Hasenkeulen (etwa 1 kg)
	Salz, frisch gemahlener Pfeffer
10	zerdrückte Wacholderbeeren
3 EL	Olivenöl
3	mittelgroße Zwiebeln
1	Lorbeerblatt
6	Pimentkörner
500 ml (½ l)	heißes Wasser
1–2 TL	Weizenmehl
	kaltes Wasser

Zubereitungszeit: 30 Minuten
Garzeit: etwa 60 Minuten

1. Den Backofen vorheizen.
Ober-/Unterhitze: etwa 220 °C
Heißluft: etwa 200 °C

2. Hasenkeulen unter fließendem kaltem Wasser abspülen, trocken tupfen und enthäuten.

3. Die Hasenkeulen mit Salz, Pfeffer und Wacholderbeeren einreiben.

4. Olivenöl in einem Bräter erhitzen. Die Keulen darin von allen Seiten gut anbraten.

5. Zwiebeln abziehen, klein schneiden, mit Lorbeerblatt und Pimentkörnern hinzugeben, kurz mit anbraten. Etwas von dem heißen Wasser hinzugießen. Den Bräter zugedeckt auf dem Rost im unteren Drittel in den vorgeheizten Backofen schieben. Die Keulen etwa 60 Minuten schmoren lassen.

6. Von Zeit zu Zeit die Keulen wenden. Die verdampfte Flüssigkeit nach und nach durch heißes Wasser ersetzen. Die garen Keulen auf einer vorgewärmten Platte anrichten und zugedeckt warm stellen.

7. Bratensatz durch ein Sieb gießen. Nach Belieben das Mehl mit kaltem Wasser anrühren und in den Bratensatz einrühren. Die Sauce etwa 5 Minuten köcheln lassen.

8. Sauce mit Salz und Pfeffer abschmecken und mit den Hasenkeulen servieren.

Beilage: Rohe Klöße und Rotkohl.

Hasenpastete

Raffiniert

4 Portionen

Pro Portion:
E: 31 g, F: 23 g, Kh: 65 g, kJ: 2503, kcal: 599

300 g	*Hasenrückenfilet*
	Salz, frisch gemahlener Pfeffer
2 EL	*Olivenöl*
2	*Zwiebeln*
2	*säuerliche Äpfel*
	(etwa 350 g Fruchtfleisch)
300 g	*Filo-Teig (gibt es z. B. in*
	türkischen Geschäften)
1 Glas	*Rotkohl*
	(Abtropfgewicht 720 g)
3	*Lorbeerblätter*
1 gestr. TL	*Zucker*
1 EL	*Instant-Bratensauce*
	(aus dem Glas)
70 g	*zerlassene Butter*
125 g	*Frühstücksspeck in dünnen*
	Scheiben (Bacon)

Zubereitungszeit: 40 Minuten
Backzeit: etwa 45 Minuten

1. Das Hasenrückenfilet mit Küchenpapier trocken tupfen, evtl. enthäuten, mit Salz und Pfeffer bestreuen. Olivenöl in einer Pfanne erhitzen. Das Filet darin von allen Seiten etwa 5 Minuten anbraten.

2. Zwiebeln abziehen und in feine Würfel schneiden. Zwiebelwürfel mit in die Pfanne geben und ebenfalls kurz anbraten. Filet abkühlen lassen.

3. Äpfel schälen, vierteln und entkernen. Eine Springform (Ø 28 cm, gefettet) mit etwa einem Drittel der Filo-Teigplatten so auslegen, dass auch die Ränder der Form mit Teig bedeckt sind.

4. Den Backofen vorheizen.
Ober-/Unterhitze: etwa 180 °C
Heißluft: etwa 160 °C

5. Den Rotkohl in einem Sieb abtropfen lassen, mit Apfelwürfeln und Lorbeerblättern vermengen. Rotkohl-Apfel-Mischung mit Salz, Zucker und Bratensauce würzen und auf den Teigplatten in der Springform verteilen.

6. Hasenrückenfilet halbieren und darauflegen. Die Hälfte der restliche Filo-Teigplatten mit der zerlassenen Butter bestreichen.

7. Abwechselnd eine bestrichene und eine unbestrichene Teigplatte darauflegen. Die unbestrichenen Platten jeweils mit einigen Scheiben vom Bacon belegen. Die letzte Teigplatte sollte mit Butter bestrichen sein.

8. Die Form auf dem Rost im unteren Drittel in den vorgeheizten Backofen schieben. Die Pastete etwa 45 Minuten backen und warm servieren.

Hasenragout mit roten Linsen

Beliebt

4 Portionen

Pro Portion:

E: 62 g, F: 16 g, Kh: 17 g, kJ: 1918, kcal: 457

4	*Hasenkeulen (etwa 1–1 ¼ kg)*
100 g	*Schalotten*
8	*Wacholderbeeren*
	Salz
	frisch gemahlener Pfeffer
3 EL	*Olivenöl*
2	*Lorbeerblätter*
200 ml	*Wildfond*
100 g	*Staudensellerie*
200 g	*Pfifferlinge*
70 g	*rote Linsen*
250 g	*kleine Tomaten*
1 EL	*Honig*

Zubereitungszeit: 35 Minuten
Garzeit: etwa 60 Minuten

1. Die Keulen unter fließendem kalten Wasser abspülen, trocken tupfen und evtl. enthäuten. Das Fleisch von den Knochen und anschließend in kleine Stücke schneiden.

2. Die Schalotten abziehen, halbieren und in Spalten schneiden. Wacholderbeeren zerdrücken. Die Fleischstücke mit Salz, Pfeffer und Wacholderbeeren würzen und mit dem Olivenöl vermischen.

3. Schalotten, Fleischstücke, Lorbeerblätter und Wildfond in einen gewässerten Römertopf® (4-Liter-Inhalt) geben, dabei die Herstelleranleitung beachten, mit dem Deckel verschließen. Den Topf auf dem Rost in den kalten Backofen schieben.
Ober-/Unterhitze: etwa 200 °C
Heißluft: etwa 180 °C
Das Ragout etwa 40 Minuten garen.

4. In der Zwischenzeit Sellerie putzen, abspülen, abtropfen lassen, die harten Außenfäden abziehen und das Grün beiseitelegen. Die Stangen in dünne Ringe schneiden. Pfifferlinge putzen, mit Küchenpapier ab-

reiben, evtl. abspülen und abtropfen lassen. Große Pfifferlinge in kleine Stücke schneiden.

5. Die Pilze, Selleriestücke und Linsen unter das Fleisch rühren. Das Ragout zugedeckt in den Backofen schieben und weitere etwa 20 Minuten garen.

6. Die Tomaten abspülen, abtropfen lassen und halbieren. Die Stängelansätze herausschneiden. Tomaten in Spalten schneiden und unter das Ragout rühren. Den Topf noch 5–10 Minuten ohne Deckel im ausgeschalteten Backofen stehen lassen. Ragout mit Salz, Pfeffer und Honig würzen und mit Selleriegrün garnieren.

Beilage: Reichen Sie Vollkornbrötchen und einen Tomatensalat dazu. Für den **Tomatensalat** (4 Portionen) 500 g Tomaten abspülen, abtrocknen, halbieren und die Stängelansätze herausschneiden. Die Tomaten in Scheiben schneiden und in eine Schüssel geben. Für die Sauce 1 kleine Zwiebel abziehen und fein würfeln. 1 Esslöffel Weißwein- oder Kräuteressig mit Salz, Pfeffer und 1 Prise Zucker verrühren. 2 Esslöffel Olivenöl unterschlagen. Die Sauce mit den Tomatenscheiben mischen und den Salat kurz durchziehen lassen

Tipp: Ohne Römertopf® bereiten Sie das Rezept ab Punkt 3 wie folgt zu: Braten Sie die Fleischstücke und die Schalotten in 2–3 Esslöffeln Olivenöl gut an. Würzen Sie die Mischung mit Salz, Pfeffer und Wacholderbeeren, geben Sie die Lorbeerblätter hinzu. Rühren Sie 200 ml Wildfond unter und lassen Sie das Ganze etwa 45 Minuten köcheln. Gießen Sie nach und nach weitere 200 ml Wildfond zu. Nach 45 Minuten Garzeit rühren Sie die Selleriestücke, Pilze und Linsen unter und lassen das Ganze noch weitere 15 Minuten köcheln. Die Tomatenspalten kurz miterwärmen. Zum Schluss Ragout wie unter Punkt 6 angegeben würzen.

Hasenrückenfilets im Wirsingmantel

Mit Alkohol

6 Portionen

Pro Portion:
E: 40 g, F: 27 g, Kh: 11 g, kJ: 1991, kcal: 476

150 g	Champignons
2	Schalotten
3 Stängel	glatte Petersilie
2 EL	Butter
1–2 TL	weißer Balsamico-Essig
	Salz, frisch gemahlener Pfeffer
200 g	Putenbrustfilet (gut gekühlt)
150 g	Schlagsahne (gut gekühlt)
2 Zweige	Rosmarin
2 Stängel	Thymian
5	Wacholderbeeren
4 cl	Portwein
6	Hasenrückenfilets (etwa 900 g)
2 EL	Butterschmalz
100 ml	Rotwein
400 ml	Wildfond
100 g	Hagebutten- oder Johannis-beermark (aus dem Reformhaus)
6 große	
Blätter	Wirsingkohl
1	Schweinenetz
	(beim Metzger vorbestellen)
250 g	Pfifferlinge
1 TL	Speisestärke
1 EL	Wasser
1 EL	Butter
einige	
Zweige	Rosmarin

Zubereitungszeit: 100 Minuten,
ohne Abkühl- und Einweichzeit

1. Champignons putzen, mit Küchenpapier abreiben, evtl. abspülen, abtropfen lassen und in kleine Würfel schneiden. Schalotten abziehen und in kleine Würfel schneiden. Petersilie abspülen, trocken tupfen. Die Blätter von den Stängeln zupfen und hacken. Butter in einer Pfanne zerlassen. Champignons kurz darin andünsten, Schalottenwürfel hinzugeben, mit Essig ablöschen. Petersilie unterrühren und mit Salz und Pfeffer würzen. Champignonmasse abkühlen lassen und in den Kühlschrank stellen.

2. Putenbrustfilet unter fließendem kalten Wasser abspülen, trocken tupfen, die Sehne entfernen. Putenbrust in kleine Würfel schneiden. Fleischwürfel und Sahne in 2 Portionen im Zerkleinerer zu einer glatten Masse verarbeiten. (Wichtig: Fleisch und Sahne müssen kalt sein, damit eine gebundene Masse entsteht.) Masse in den Kühlschrank stellen.

3. Rosmarin und Thymian abspülen, trocken tupfen. Die Nadeln und Blättchen von den Stängeln zupfen. Nadeln und Blättchen klein schneiden. Die Wacholderbeeren zerdrücken. Portwein, Rosmarin, Thymian und Wacholderbeeren unter die Putenbrustmasse heben. Die Masse mit Salz und Pfeffer würzen, wieder in den Kühlschrank stellen.

4. Hasenrückenfilets mit Küchenpapier trocken tupfen, evtl. enthäuten und mit Salz und Pfeffer würzen. Butterschmalz in einer Pfanne erhitzen. Rückenfilets darin von allen Seiten anbraten und herausnehmen. Den Bratensatz mit Rotwein ablöschen, Wildfond hinzugießen, Hagebutten- oder Johannisbeermark unterrühren und zum Kochen bringen. Fond um etwa zwei Drittel einkochen und beiseitestellen.

5. Wirsingblätter abspülen, kurz in kochendem Salzwasser blanchieren, mit kaltem Wasser abschrecken, in einem Sieb abtropfen lassen und mit Küchenpapier trocken tupfen. Dicke Blattrippen herausschneiden.

6. Den Backofen vorheizen.
Ober-/Unterhitze: etwa 160 °C
Heißluft: etwa 140 °C

7. Die Champignon- und Putenbrustmasse miteinander vermengen. Die Wirsingblätter in der Mitte damit bestreichen. Die Hasenrückenfilets darauflegen. Die Blätter zur Mitte einschlagen. Die Filets in die Blätter einrollen. Das Schweinenetz in kaltem Wasser etwa

20 Minuten einweichen, abtropfen lassen, auf einem Geschirrtuch ausbreiten, trocken tupfen, in 6 gleich große Stücke schneiden. Jede Wirsingrolle auf ein Stück Schweinenetz legen und darin einwickeln. Die Rollen auf ein Backblech (gefettet) legen. Das Backblech auf mittlerer Einschubleiste in den vorgeheizten Backofen schieben. Die Filets etwa 20 Minuten garen.

8. In der Zwischenzeit die Pfifferlinge putzen, große Pfifferlinge halbieren. Den beiseitegestellten Fond aufkochen. Stärke mit etwas Wasser verrühren, unter Rühren in den Fond geben und aufkochen. Sauce mit Salz und Pfeffer abschmecken.

9. Die Filets im Wirsingmantel vom Backblech nehmen und etwa 5 Minuten ruhen lassen. Die Butter in einer Pfanne erhitzen. Die Pfifferlinge darin anbraten, mit Salz und Pfeffer würzen. Die Wirsingrollen evtl. aus den Netzen lösen, in Scheiben schneiden und mit der Sauce auf vorgewärmten Tellern anrichten. Pfifferlinge dazugeben, mit Rosmarin garnieren.

Beilage: Salzkartoffeln.

Tipp: Die Wirsingrollen statt in Schweinenetze wie Bonbons in entsprechend große, gebutterte Stücke Alufolie wickeln und wie beschrieben garen.

Hasensuppe mit Champignons

Schnell

4 Portionen

Pro Portion:
E: 27 g, F: 30 g, Kh: 8 g, kJ: 1696, kcal: 405

400 g	*Hasenrückenfilet*
2	*Zwiebeln*
400 g	*Champignons*
4 EL	*Olivenöl*
	Salz
	frisch gemahlener Pfeffer
1 TL	*Paprikapulver edelsüß*
1 EL	*Tomatenmark*
1 geh. EL	*Weizenmehl*
400 ml	*Wildfond*
200 g	*Schlagsahne*
6	*Wacholderbeeren*
4	*Gewürznelken*
4	*Pimentkörner*
1	*Lorbeerblatt*

Zubereitungszeit: 35 Minuten

1. Das Filet mit Küchenpapier trocken tupfen, evtl. enthäuten und in etwa 2 cm große Würfel schneiden.

2. Zwiebeln abziehen und fein würfeln. Champignons putzen, mit Küchenpapier abreiben, evtl. abspülen, abtropfen lassen und in Scheiben schneiden.

3. Das Olivenöl in einer großen Pfanne erhitzen. Die Fleischwürfel darin unter Rühren gut anbraten, mit Salz und Pfeffer würzen. Zwiebelwürfel und Champignonscheiben ebenfalls in die Pfanne geben und unter Rühren anbraten.

4. Paprikapulver und Tomatenmark unterrühren. Die Mischung mit Mehl bestäuben und unter Rühren kurz andünsten lassen. Wildfond und Sahne unterrühren und zum Kochen bringen.

5. Wacholderbeeren, Nelken, Piment und Lorbeerblatt im Mörser zerstoßen oder fein hacken und unter die Suppe rühren. Die Suppe etwa 5 Minuten köcheln lassen, evtl. mit Salz und Paprikapulver abschmecken.

Tipp: Mit Vollkornbaguette servieren.

Hirschbraten in Wacholdersauce

Mit Alkohol
4–6 Portionen

Pro Portion:
E: 50 g, F: 18 g, Kh: 7 g, kJ: 1754, kcal: 419

einige Stängel	*Beifuß und Salbei*
2–3 Zweige	*Rosmarin*
etwa 1,2 kg	*Hirschschulter ohne Knochen*
	Salz, frisch gemahlener Pfeffer
	frisch geriebene Muskatnuss
1 TL	*Paprikapulver edelsüß*
2	*Zwiebeln*
4 EL	*Speiseöl, z. B. Olivenöl*
200 ml	*trockener Rotwein*
5	*Wacholderbeeren*
evtl. etwas	*Wasser oder Fleischbrühe*
1–2 EL	*Honig*
1–2 EL	*Crème fraîche*

Außerdem:

Küchengarn

Zubereitungszeit: 65 Minuten
Garzeit: etwa 100 Minuten

1. Den Backofen vorheizen.
Ober-/Unterhitze: etwa 180 °C
Heißluft: etwa 160 °C

2. Beifuß, Salbei und Rosmarin abspülen, trocken tupfen und die Blättchen bzw. Nadeln von den Stängeln zupfen. Einige Kräuterblättchen bzw. -nadeln zum Garnieren beiseitelegen.

3. Das Hirschschulterfleisch unter fließendem kalten Wasser abspülen, trocken tupfen, evtl. enthäuten, flach drücken, mit Salz und Pfeffer bestreuen und die Kräuter darauf verteilen. Das Fleischstück zu einem Rollbraten aufrollen, mit Küchengarn zusammenbinden und mit Salz, Pfeffer, Muskatnuss und Paprikapulver einreiben.

4. Zwiebeln abziehen und achteln. Öl einem Bräter erhitzen. Den Rollbraten darin rundherum anbraten. Die

Zwiebelachtel hinzufügen und kurz mitbraten. Dann mit Rotwein ablöschen.

5. Wacholderbeeren zerdrücken, zum Braten geben. Den Bräter ohne Deckel auf dem Rost in den vorgeheizten Backofen schieben. Den Braten etwa 70 Minuten garen, verdampfte Flüssigkeit nach und nach durch etwas Wasser oder Brühe ersetzen.

6. Den Honig auf dem Fleisch verteilen. Den Bräter wieder zurück in den Backofen schieben und alles noch weitere etwa 30 Minuten garen.

7. Das Fleisch aus dem Bräter nehmen und etwa 10 Minuten zugedeckt ruhen lassen.

8. Die Sauce nach Belieben durch ein Sieb gießen. Crème fraîche unterrühren. Die Sauce mit den Gewürzen abschmecken. Das Fleisch in dünne Scheiben schneiden, mit den beiseitegelegten Kräutern garnieren und mit der Sauce servieren.

Beilage: Nudeln oder Spätzle und Fenchelgemüse.

Hirschgulasch
Klassisch
4 Portionen

Pro Portion:
E: 43 g, F: 17 g, Kh: 12 g, kJ: 1581, kcal: 377

800 g	Hirschkeule ohne Knochen
1 l	Buttermilch
	Salz
	frisch gemahlener Pfeffer
4 große	Zwiebeln
4 EL	Olivenöl
750 ml (¾ l)	heiße Fleischbrühe oder Wildfond
2	Gewürznelken
½ TL	schwarze Pfefferkörner
1 gestr. TL	gerebelter Thymian
1 gestr. TL	Salz
4 EL	Rosinen
8	Backpflaumen ohne Stein
200 g	Schalotten
100 ml	Wasser
1 TL	Zucker
20 g	Butter

Zubereitungszeit: 25 Minuten, ohne Marinierzeit
Garzeit: etwa 100 Minuten

1. Hirschkeule unter fließendem kalten Wasser abspülen, trocken tupfen, enthäuten und in etwa 2 cm große Würfel schneiden. Fleischwürfel in eine Schüssel geben, mit Buttermilch begießen und zugedeckt über Nacht im Kühlschrank marinieren.

2. Die Fleischwürfel aus der Marinade nehmen, gut abtropfen lassen, evtl. trocken tupfen, mit Salz und Pfeffer bestreuen. Zwiebeln abziehen und fein würfeln. Olivenöl in einem Bräter erhitzen. Die Fleischwürfel darin unter Rühren gut anbraten. Zwiebelwürfel hinzugeben und kurz mit anbraten.

3. Brühe oder Fond hinzugießen, Gewürznelken, Pfefferkörner, Thymian und Salz unterrühren. Das Gulasch zum Kochen bringen und zugedeckt etwa 1 ¼ Stunden köcheln lassen.

4. Dann die Rosinen und die Backpflaumen mit in den Bräter geben. Das Gulasch weitere etwa 10 Minuten köcheln lassen.

5. Schalotten abziehen, mit Wasser, Zucker und Butter in einen Topf geben, bei schwacher Hitze 10–15 Minuten dünsten. Schalotten in einem Sieb abtropfen lassen.

6. Die garen Fleischwürfel und die Pflaumen aus der Sauce nehmen. Sauce durch ein Sieb streichen, nochmals erhitzen, mit Salz und Pfeffer abschmecken. Die Fleischwürfel, Pflaumen und Schalotten in die Sauce geben. Gulasch nochmals kurz erhitzen.

Beilage: Spätzle oder Nudeln.

Rezeptvariante: Für **Hirschgulasch mit Austernpilzen** 800 g Hirschfleisch (aus der Keule, ohne Knochen) unter fließendem kalten Wasser abspülen, mit Küchenpapier trocken tupfen, evtl. enthäuten und in gleich große Würfel schneiden. 2 Esslöffel Rapsöl in einem Bräter erhitzen. Die Fleischwürfel darin gut anbraten. 2 Zwiebeln abziehen, halbieren, in Scheiben schneiden, mit in den Bräter geben und ebenfalls anbraten. Das Ganze mit Salz, Pfeffer, einem Lorbeerblatt und etwas gemahlenem Piment würzen. 250 ml (¼ l) Wildfond unterrühren und zum Kochen bringen. Das Fleisch zugedeckt etwa 90 Minuten köcheln lassen. In der Zwischenzeit 250 g Austernpilze putzen, evtl. kurz abspülen und gut abtropfen lassen, in Stücke schneiden. 20 g Butter oder Margarine in einer Pfanne zerlassen. Die Pilze etwa 5 Minuten darin dünsten, mit 125 ml (⅛ l) Gemüsebrühe und 1 Esslöffel Tomatenmark kurz vor dem Ende der Garzeit zu dem Gulasch geben und kurz miterhitzen. Gulasch mit Salz, Pfeffer und Thymian abschmecken.

Hirschkalbsmedaillons unter einer Haselnusskruste

Etwas teurer – mit Alkohol

4 Portionen

Pro Portion:
E: 35 g, F: 46 g, Kh: 23 g, kJ: 2948, kcal: 703

Für die Rotweinsauce:

2	rote Zwiebeln
400 ml	Rotwein
1	Lorbeerblatt
200 ml	Wildfond
evtl. etwas	Speisestärke

Für das Gemüse:

500 g	Rosenkohl
	Salz
1	Möhre
25 g	Butter
	frisch geriebene Muskatnuss

Für die Haselnusskruste:

2 Zweige	Rosmarin
2 Stängel	Thymian
80 g	ganze, abgezogene Haselnusskerne
50 g	Toastbrot
80 g	Butter
1	Eigelb (Größe M)
2 EL	flüssiger Honig

Für die Hirschkalbsmedaillons:

500 g	Hirschkalbsrücken ohne Knochen frisch gemahlener Pfeffer
2 Zweige	Rosmarin
2 Stängel	Thymian
1 EL	Butterschmalz
2	Lorbeerblätter
4	Wacholderbeeren

Zubereitungszeit: 70 Minuten

1. Für die Sauce die Zwiebeln abziehen und in feine Streifen schneiden. Mit Rotwein und Lorbeerblatt in einen Topf geben, zum Kochen bringen und langsam auf etwa die Hälfte einkochen lassen. Sauce durch ein Sieb gießen und mit dem Wildfond nochmals um die Hälfte einkochen lassen.

2. Für das Gemüse Rosenkohl putzen, abspülen und abtropfen lassen. Die Blätter abtrennen, den festen Innenteil in feine Streifen schneiden. Rosenkohlblätter und Innenteil kurz in kochendem Salzwasser blanchieren, in kaltem Wasser abschrecken und in einem Sieb abtropfen lassen. Möhre schälen, abspülen, abtropfen lassen und in feine Würfel schneiden.

3. Für die Haselnusskruste Rosmarin und Thymian abspülen, trocken tupfen, Nadeln und Blätter abzupfen und hacken. Haselnusskerne klein hacken, in einer Pfanne ohne Fett kurz rösten und herausnehmen. Das Toastbrot in kleine Würfel schneiden. 30 g Butter in der Pfanne erhitzen. Die Brotwürfel darin goldgelb rösten und herausnehmen.

4. Für die Medaillons Hirschkalbsrücken unter fließendem kalten Wasser abspülen, mit Küchenpapier trocken tupfen, evtl. enthäuten, in 8 gleich große Medaillons schneiden. Mit Salz und Pfeffer würzen.

5. Den Backofen vorheizen.
Ober-/Unterhitze: etwa 120 °C
Heißluft: etwa 100 °C

6. Den Rosmarin und Thymian abspülen und trocken tupfen. Butterschmalz in einer ofenfesten Pfanne erhitzen. Hirschmedaillons darin von beiden Seiten gut anbraten. Lorbeerblätter, Wacholderbeeren, Rosmarin und Thymian hinzufügen.

7. Die Pfanne auf dem Rost auf mittlerer Einschubhöhe in den vorgeheizten Backofen schieben. Die Medaillons etwa 20 Minuten garen.

8. Für die Kruste die restliche Butter (50 g) mit Handrührgerät mit Rührbesen schaumig schlagen. Eigelb unterrühren. Die Haselnusskerne und Brotwürfel gut untermengen. Rosmarin, Thymian und Honig unterrühren, mit Salz und Pfeffer würzen.

9. Für das Gemüse Butter zerlassen, Rosenkohlblätter, -streifen und Möhrenwürfel zugedeckt etwa 5 Minuten darin dünsten.

10. Die Pfanne mit den Medaillons kurz vor Ende der Garzeit aus dem Backofen nehmen. Den Backofengrill vorheizen. Die Haselnussmasse in 8 Portionen teilen, auf die Medaillons streichen und leicht andrücken. Die Medaillons unter dem vorgeheizten Grill 2–3 Minuten überbacken.

11. Das Gemüse mit Salz, Pfeffer und Muskat würzen. Die Sauce aufkochen, Stärke mit etwas Wasser anrühren, in die Sauce rühren und nochmals aufkochen. Die Sauce mit Salz und Pfeffer abschmecken. Das Gemüse auf vorgewärmte Teller verteilen. Fleisch und etwas Sauce dazugeben. Sofort servieren.

Hirschrollbraten mit Kirschsauce

Raffiniert – dauert länger

4 Portionen

Pro Portion:

E: 48 g, F: 42 g, Kh: 30 g, kJ: 2922, kcal: 697

800 g	Hirschkalbskeule ohne Knochen
80 g	geräucherter Bauchspeck
100 g	Fetakäse
	Salz, frisch gemahlener Pfeffer
5 EL	Speiseöl, z. B. Rapsöl
1	Zwiebel
1 Glas	Schattenmorellen
	(Abtropfgewicht 350 g)
400 ml	Wildfond
200 ml	Kirschsaft aus dem Glas
1 EL	Honig
1 TL	gerebelter Thymian
1–2 EL	Speisestärke
2 EL	kaltes Wasser
1 EL	gehackte Thymianblättchen

Außerdem:

Küchengarn

Zubereitungszeit: 35 Minuten
Garzeit: 1 ½ – 1 ¾ Stunden

1. Hirschfleisch unter fließendem kalten Wasser abspülen, mit Küchenpapier trocken tupfen, evtl. enthäuten. Das Fleisch mit einem scharfen Messer waagerecht fast durchschneiden und aufklappen.

2. Speck und Fetakäse in etwa 1 cm dicke Streifen schneiden. Diese abwechselnd auf das aufgeklappte Fleisch legen. Das Fleisch von der schmaleren Seite her fest aufrollen und mit Küchengarn zusammenbinden. Mit Salz und Pfeffer bestreuen.

3. Den Backofen vorheizen.
Ober-/Unterhitze: etwa 180 °C
Heißluft: etwa 160 °C

4. Speiseöl in einem Bräter erhitzen. Den Hirschrollbraten von allen Seiten gut darin anbraten. Zwiebel abziehen, fein würfeln und im Bräter mit anbraten.

5. Die Kirschen in einem Sieb abtropfen lassen, dabei den Saft auffangen und 200 ml abmessen. Fond und abgemessenen Kirschsaft in den Bräter gießen, zum Kochen bringen. Den Bräter zugedeckt auf dem Rost im unteren Drittel in den vorgeheizten Backofen schieben. Den Braten 1 ½ –1 ¾ Stunden garen.

6. Den Hirschrollbraten aus dem Backofen nehmen und warm gestellt kurz ruhen lassen. Die Sauce zum Kochen bringen, mit Honig, Salz, Pfeffer und Thymian abschmecken. Speisestärke mit Wasser anrühren und unter Rühren zur Sauce gießen, kurz aufkochen lassen. Kirschen ebenfalls in die Sauce geben und miterwärmen.

7. Das Küchengarn vom Braten entfernen. Den Braten in Scheiben schneiden, mit Thymianblättchen bestreuen und mit der Sauce servieren.

Beilage: Schupfnudeln oder Rösti-Ecken.

Hirschrückenfilet mit Nusskruste

Mit Alkohol
4 Portionen

Pro Portion:
E: 44 g, F: 40 g, Kh: 11 g, kJ: 2576, kcal: 615

750 g	*Hirschrückenfilet*
	Salz
	frisch gemahlener Pfeffer
30 g	*Butterschmalz*

Für die Haselnusskruste:

30 g	*weiches Butterschmalz*
100 g	*gemahlene Haselnusskerne*
1 Prise	*Zucker*
2	*Eigelb (Größe M)*
1–2 EL	*Semmelbrösel*

Für die Sauce:

250 ml (¼ l)	*Wildfond*
100 ml	*Rotwein*
5	*Wacholderbeeren*
1 geh. EL	*Weizenmehl*
2 EL	*kaltes Wasser*
2 EL	*Cognac*
3 EL	*Portwein*

Zubereitungszeit: 45 Minuten, ohne Ruhezeit

1. Den Backofen vorheizen.
Ober-/Unterhitze: etwa 200 °C
Heißluft: etwa 180 °C

2. Hirschrückenfilet mit Küchenpapier trocken tupfen, evtl. enthäuten und mit Salz und Pfeffer bestreuen.

3. Dann Butterschmalz in einer Pfanne zerlassen. Das Hirschrückenfilet darin von allen Seiten gut anbraten. Pfanne mit dem Bratensatz beiseitestellen.

4. Für die Haselnusskruste Butterschmalz schaumig rühren. Haselnusskerne, Zucker und Eigelb unterrühren. Von den Semmelbröseln nur so viel unterrühren, dass eine streichfähige Masse entsteht. Die Masse mit Salz und Pfeffer würzen.

5. Das Filet auf ein Backblech (gefettet) legen und mit der Haselnussmasse bestreichen. Das Backblech auf mittlerer Einschubleiste in den vorgeheizten Backofen schieben. Das Filet 15–20 Minuten garen.

6. In der Zwischenzeit die beiseitegestellte Pfanne mit dem Bratensatz erwärmen. Den Wildfond und Rotwein hinzugießen. Wacholderbeeren hinzufügen. Die Sauce etwas einkochen lassen.

7. Mehl mit Wasser anrühren und in die Sauce einrühren. Sauce aufkochen lassen, etwa 5 Minuten köcheln lassen und mit Cognac, Portwein, Salz und Pfeffer abschmecken.

8. Das Hirschrückenfilet nach der Garzeit 10 Minuten ruhen lassen, dann in Scheiben schneiden und mit der Sauce servieren.

Beilage: Möhren-Zuckerschoten-Gemüse und Spätzle.

Hirschrückensteak mit Gewürzgurken und Sauerrahm

Für Gäste – mit Alkohol
4 Portionen

Pro Portion:
E: 38 g, F: 23 g, Kh: 3 g, kJ: 1610, kcal: 384

3	*Schalotten*
4	*Hirschrückensteaks (je 170–180 g)*
	Salz
	frisch gemahlener Pfeffer
2 EL	*Butterschmalz*
2 EL	*Butter*
100 ml	*Rotwein*
150 g	*Gewürzgurken (aus dem Glas)*
200 ml	*Wildfond*
einige Stängel	*glatte Petersilie*
100 g	*Schmand (Sauerrahm)*

Zubereitungszeit: 30 Minuten
Garzeit: 15–20 Minuten

1. Schalotten abziehen, halbieren und in halbe Ringe schneiden. Hirschrückensteaks mit Küchenpapier trocken tupfen, mit Salz und Pfeffer würzen.

2. Butterschmalz in einer ofenfesten Pfanne erhitzen. Die Steaks darin von beiden Seiten scharf anbraten und herausnehmen. Das Bratfett abgießen. Die Butter in die Pfanne zum Bratensatz geben.

3. Die Schalotten in der Butter kurz andünsten, mit Rotwein ablöschen, zum Kochen bringen und etwas einkochen lassen.

4. Den Backofen vorheizen.
Ober-/Unterhitze: etwa 160 °C
Heißluft: etwa 140 °C

5. Die Steaks auf die Schalotten legen. Die Pfanne auf dem Rost in den vorgeheizten Backofen schieben. Die Steaks 15–20 Minuten garen.

6. In der Zwischenzeit Gewürzgurken abtropfen lassen und der Länge nach in feine Streifen schneiden. Wildfond in einem Topf erhitzen. Petersilie abspülen und trocken tupfen.

7. Die Steaks aus der Pfanne nehmen und kurz zugedeckt ruhen lassen.

8. Den Bratensatz mit den Schalotten und die Gurkenstreifen zu dem Fond geben, einmal aufkochen lassen.

9. Schmand auf 4 vorgewärmten Tellern verteilen. Die Steaks darauflegen und mit der Gurkensauce übergießen. Mit Petersilie garnieren.

Beilage: Hierzu passt sehr gut ein **Kartoffelpüree mit Preiselbeeren** und eine **gemischte Pilzpfanne.** Dafür Kartoffelpüree zubereiten und kurz vor dem Servieren 2 Esslöffel Preiselbeeren aus dem Glas und noch etwas gehackte Petersilie unterrühren. Für die Pilzpfanne (4 Portionen) 500 g gemischte Pilze (Champignons, Pfifferlinge, Steinpilze, Austernpilze) putzen, kurz abspülen und gut abtropfen lassen. Große Pilze halbieren oder vierteln. 4–5 Frühlingszwiebeln putzen, abspülen und in feine Ringe schneiden. 2 Esslöffel Olivenöl in einer großen Pfanne erhitzen. Die Pilze und Frühlingszwiebeln darin kräftig anbraten, anschließend mit Salz und Pfeffer würzen und 2–3 Minuten dünsten.

Tipp: Sie können statt der Hirschrückensteaks auch Elch- oder Bisonsteaks auf diese Weise zubereiten.

Hirschsteaks mit Portweinsauce
Mit Alkohol
4 Portionen

Pro Portion:
E: 34 g, F: 30 g, Kh: 18 g, kJ: 2500, kcal: 597

Für die Portweinsauce:

50 g	fetter Speck
500 g	Wildknochen
1 Bund	Suppengrün
	(Sellerie, Möhre, Porree)
1	Zwiebel
200 g	Pfifferlinge (aus der Dose)
250 ml (¼ l)	Pilzflüssigkeit
	(mit Wasser aufgefüllt)
250 ml (¼ l)	Portwein
2	zerdrückte Wachholderbeeren
	Salz
	frisch gemahlener Pfeffer
	gerebelter Thymian
1 TL	Johannisbeergelee
1 TL	mittelscharfer Senf
1 EL	Crème fraîche
4	Hirschsteaks (je etwa 150 g)
50 g	Butter
1	Schalotte
2	kleine Äpfel
6 EL	Calvados

Zubereitungszeit: 40 Minuten
Garzeit: etwa 60 Minuten

1. Speck in Würfel schneiden und in einem Bratentopf ausbraten. Die Grieben herausnehmen. Wildknochen unter fließendem kalten Wasser abspülen, trocken tupfen und in dem Speckfett von allen Seiten gut anbraten.

2. Suppengrün putzen, abspülen, abtropfen lassen und klein schneiden. Zwiebel abziehen und vierteln. Suppengrün und Zwiebel zu den Knochen geben und kurz mitbraten.

3. Pfifferlinge in einem Sieb abtropfen lassen. Dabei die Pilzflüssigkeit auffangen, mit Wasser auf 250 ml

(¼ l) Flüssigkeit auffüllen, mit der Hälfte des Portweins und den Wacholderbeeren zu den Knochen geben, mit Salz, Pfeffer und Thymian würzen, zugedeckt etwa 60 Minuten kochen lassen. Dann die Knochen entfernen.

4. Die Flüssigkeit mit Suppengrün und Zwiebel durch ein Sieb streichen. Die Flüssigkeit auf etwa 200 ml einkochen lassen und den restlichen Portwein hinzugießen. Das Johannisbeergelee und Senf unterrühren, nochmals etwas einkochen lassen.

5. Crème fraîche unterrühren. Die Sauce mit Salz und Pfeffer abschmecken.

6. Die Hirschsteaks mit Küchenpapier trocken tupfen, 30 g Butter in einer Pfanne erhitzen. Die Hirschsteaks von beiden Seiten darin etwa 10 Minuten braten, mit Salz, Pfeffer und Thymian würzen, herausnehmen und zugedeckt warm stellen.

7. Dann 10 g Butter in das Bratfett geben. Die Schalotte abziehen, würfeln und darin glasig dünsten. Die Pfifferlinge hineingeben, mit Salz und Pfeffer würzen, 2–3 Minuten dünsten, herausnehmen und warm stellen.

8. Äpfel schälen, das Kerngehäuse mit einem Apfelausstecher herausstechen und die Äpfel in etwa 1 cm dicke Scheiben schneiden.

9. Die restliche Butter in einer Pfanne erhitzen. Die Apfelscheiben von beiden Seiten darin braten und herausnehmen.

10. Die Hirschsteaks wieder in die Pfanne geben. Die Pfifferlinge darauf und rundherum verteilen. Darauf die Apfelscheiben geben, mit Calvados flambieren und sofort mit der Portweinsauce servieren.

Kaninchen, geschmortes
Beliebt
6 Portionen

Pro Portion:
E: 81 g, F: 25 g, Kh: 5 g, kJ: 2392, kcal: 572

3	küchenfertige Wildkaninchen (je etwa 900 g)
	Salz
	frisch gemahlener Pfeffer
4 EL	Rapsöl
2	Schalotten
80 g	Knollensellerie
1	Möhre
500 ml	Geflügelfond oder -brühe
1	Bio-Orange (unbehandelt, ungewachst)
1	Lorbeerblatt
2	Gewürznelken
1	Sternanis
750 g	Staudensellerie
70 g	Butter
	Zucker
1 EL	Speisestärke

Zubereitungszeit: 45 Minuten
Garzeit: etwa 40 Minuten

1. Die Wildkaninchen innen und außen unter fließendem kalten Wasser abspülen, trocken tupfen, evtl. enthäuten, in Portionsstücke zerlegen und mit Salz und Pfeffer würzen.

2. Das Rapsöl in einem großen Bräter erhitzen und die Kaninchenteile darin evtl. portionsweise anbraten.

3. Die Schalotten abziehen, vierteln und mit anbraten. Sellerie und Möhre putzen, schälen, abspülen, abtropfen lassen und in kleine Würfel schneiden. Gemüsewürfel ebenfalls mit anbraten.

4. Geflügelfond oder -brühe hinzugießen und aufkochen lassen. Die Orange heiß abwaschen, abtrocknen und etwas Schale abreiben. Lorbeerblatt, Gewürznelken und Sternanis hinzugeben. Das Ganze mit abgeriebener Orangenschale würzen. Die Wildkaninchenstücke zugedeckt etwa 40 Minuten schmoren.

5. In der Zwischenzeit Staudensellerie putzen. Die harten Außenfäden abziehen. Selleriestangen abspülen und abtropfen lassen. Selleriestangen in etwa 1 cm lange Stücke schneiden.

6. Butter in einem Topf zerlassen. Die Selleriestücke etwa 6 Minuten darin dünsten. Selleriegemüse mit Zucker und Salz würzen.

7. Die garen Wildkaninchenstücke aus dem Bräter nehmen und zugedeckt warm stellen. Speisestärke mit etwas kaltem Wasser anrühren und in die Sauce einrühren. Die Sauce nochmals kurz aufkochen lassen, mit Salz und Pfeffer abschmecken.

8. Wildkaninchen mit Sauce und Staudensellerie servieren.

Beilage: Vollkornspätzle.

Kaninchen in Kokossauce
Raffiniert
4–6 Portionen

Pro Portion:
E: 76 g, F: 47 g, Kh: 13 g, kJ: 3280, kcal: 786

Für das Kaninchen:

8	Wildkaninchen- oder Kaninchenkeulen (je 250–300 g)
	Salz
	frisch gemahlener Pfeffer
1	Zwiebel
350 g	Tomaten
50 ml	Olivenöl
400 ml	Kokosmilch

Für die Möhren:

1	Zwiebel
1 Stange	Staudensellerie
1 kg	Möhren
2 EL	Olivenöl
1	Lorbeerblatt
3	Gewürznelken
125 ml (⅛ l)	Fleischbrühe
	Salz
	frisch gemahlener, weißer Pfeffer
1 EL	Crème fraîche
2 EL	gehackte, glatte Petersilie
1	Karambole (Sternfrucht)

Zubereitungszeit: 70 Minuten

1. Die Keulen unter fließendem kalten Wasser abspülen, trocken tupfen und evtl. enthäuten. Die Keulen mit Salz und Pfeffer würzen. Zwiebel abziehen und klein würfeln. Tomaten abspülen, kreuzweise einschneiden und einige Sekunden in kochendes Wasser legen. Die Tomaten mit kaltem Wasser abschrecken, enthäuten, halbieren, entkernen und die Stängelansätze herausschneiden. Tomatenhälften in Würfel schneiden.

2. Olivenöl in einem Bräter erhitzen. Kaninchenkeulen darin von allen Seiten anbraten. Zwiebelwürfel hinzugeben und andünsten. Tomatenwürfel unterrühren. Kokosmilch hinzugießen. Die Kaninchenkeulen zugedeckt etwa 40 Minuten garen.

3. Für die Möhren Zwiebel abziehen und klein würfeln. Den Staudensellerie putzen und die harten Außenfäden abziehen. Stange abspülen, abtropfen lassen und in kleine Würfel schneiden. Möhren putzen, abspülen, abtropfen lassen und in kleine Stücke schneiden.

4. Olivenöl in einem Topf erhitzen. Zwiebel- und Staudenselleriewürfel darin andünsten. Lorbeer, Nelken und Möhrenstücke hinzugeben, mit andünsten. Brühe hinzugießen, mit Salz und Pfeffer würzen. Das Gemüse 10–15 Minuten dünsten.

5. Die garen Keulen aus dem Bräter nehmen und zugedeckt warm stellen. Die Sauce pürieren, mit Salz und Pfeffer abschmecken.

6. Crème fraîche mit der Petersilie unter das Möhrengemüse rühren, kurz erhitzen und in einer Schüssel anrichten.

7. Karambole waschen, trocken tupfen und in Scheiben schneiden. Kaninchenkeulen auf dem Gemüse anrichten, mit Karambolescheiben garnieren.

Kaninchen in Mangoldhülle

Raffiniert
4 Portionen

Pro Portion:
E: 40 g, F: 15 g, Kh: 6 g, kJ: 1343, kcal: 322

1 Staude	Mangold (etwa 600 g)
	Salz
1 TL	mittelscharfer Senf
	frisch gemahlener Pfeffer
	frisch geriebene Muskatnuss
4	Wildkaninchen- oder
	Kaninchenfilets
	(etwa 600 g)
15 g	Butterschmalz
100 g	Frühstücksspeck in Scheiben
	(Bacon)
25 g	zerlassene Butter

Für die Sauce:

2	rote Zwiebeln
1–2 TL	Rapsöl
250 ml (¼ l)	Fleischbrühe
	gemahlener Kreuzkümmel
	(Cumin)
	Currypulver
evtl. etwas	dunkler Saucenbinder

Außerdem:

	Küchengarn

Zubereitungszeit: 40 Minuten
Garzeit: etwa 25 Minuten

1. Mangold putzen, dabei die großen Blattstiele entfernen. Mangold gründlich waschen und gut abtropfen lassen. Mangoldblätter in kochendem Salzwasser etwa 3 Minuten blanchieren, dann mit kaltem Wasser abschrecken und gut abtropfen lassen.

2. Mangoldblätter mit Senf bestreichen und mit Salz, Pfeffer und Muskat würzen.

3. Filets mit Küchenpapier trocken tupfen, evtl. enthäuten. Butterschmalz in einer Pfanne zerlassen. Die Filets darin anbraten, mit Salz und Pfeffer würzen.

4. Den Backofen vorheizen.
Ober-/Unterhitze: etwa 180 °C
Heißluft: etwa 160 °C

5. Filets mit den Speckscheiben umwickeln, dann in die Mangoldblätter einwickeln und mit Küchengarn zusammenbinden. Die Rouladen in eine Auflaufform (gefettet) legen und mit Butter bestreichen. Die Form auf dem Rost auf mittlerer Einschubleiste in den vorgeheizten Backofen schieben. Das Ganze etwa 25 Minuten garen.

6. Für die Sauce Zwiebeln abziehen, halbieren und in kleine Würfel schneiden. Öl in der Pfanne mit dem Bratensatz erhitzen. Die Zwiebelwürfel darin andünsten. Brühe hinzugeben. Die Sauce mit Pfeffer, Kreuzkümmel und Curry würzen und etwa 20 Minuten bei schwacher Hitze köcheln lassen, dabei immer wieder umrühren.

7. Die Sauce durch ein Sieb gießen und evtl. mit etwas Saucenbinder andicken. Sauce mit Salz und Pfeffer abschmecken. Küchengarn von den Mangoldrouladen entfernen.

Beilage: Bratkartoffeln.

Kaninchen in Tomatensauce
Für Gäste
6 Portionen

Pro Portion:
E: 45 g, F: 25 g, Kh: 7 g, kJ: 1810, kcal: 433

1	küchenfertiges Wildkaninchen oder Kaninchen (etwa 1 ½ kg)

Für die Marinade:

1	Knoblauchzehe
50 g	Knollensellerie
250 ml (¼ l)	Rotweinessig
250 ml (¼ l)	Wasser
1 EL	gerebelter Thymian
2	Lorbeerblätter
	Salz
	frisch gemahlener Pfeffer

2 EL	Weizenmehl
5 EL	Olivenöl
125 ml (⅛ l)	Tomatensaft
125 ml (⅛ l)	Wild- oder Fleischbrühe
2 EL	Tomatenmark
1 Dose	stückige Tomaten (Einwaage 400 g)
100 g	durchwachsener Speck
1 EL	Olivenöl
1	Knoblauchzehe
1 Prise	Zucker

Zubereitungszeit: 30 Minuten, ohne Marinierzeit
Garzeit: etwa 60 Minuten

1. Kaninchen in 6 Portionsstücke teilen, evtl. enthäuten. Kaninchenteile unter fließendem kalten Wasser abspülen und trocken tupfen.

2. Für die Marinade Knoblauch abziehen und grob hacken. Sellerie schälen, abspülen, abtropfen lassen und raspeln.

3. Essig, Wasser, Knoblauch und Sellerieraspel in einer flachen Schale verrühren. Thymian, Lorbeerblätter, Salz und Pfeffer unterrühren. Kaninchenteile hineinlegen und zugedeckt im Kühlschrank etwa 24 Stunden marinieren, dabei ab und zu wenden.

4. Das Fleisch herausnehmen, trocken tupfen und mit Mehl bestäuben. Das Olivenöl in einem Bräter erhitzen. Die Kaninchenteile gut darin anbraten, etwas Tomatensaft hinzugießen.

5. Die Kaninchenteile etwa 60 Minuten garen, dabei ab und zu mit dem Bratensatz begießen. Verdampfte Flüssigkeit nach und nach durch Brühe ersetzen.

6. Das gare Fleisch herausnehmen und zugedeckt warm stellen. Restlichen Tomatensaft zum Bratensatz geben und loskochen. Tomatenmark und stückige Tomaten unterrühren, zum Kochen bringen und etwas einkochen lassen.

7. Speck in Würfel schneiden. Olivenöl in einer Pfanne erhitzen. Speckwürfel darin braun braten und in die Sauce geben. Knoblauch abziehen, fein hacken und unter die Sauce rühren. Sauce mit Salz, Pfeffer und Zucker abschmecken, mit den Kaninchenteilen anrichten.

Beilage: Gnocchi, die mit Butter und Salbei in einer Pfanne gebraten werden.

Kaninchen in Wacholder-Pilz-Rahm

Für Gäste – mit Alkohol
4–6 Portionen

Pro Portion:
E: 68 g, F: 24 g, Kh: 6 g, kJ: 2385, kcal: 570

Für die Marinade:

1	*Möhre*
100 g	*Knollensellerie*
1	*Zwiebel*
500 ml (½ l)	*Rotwein*
1 TL	*zerdrückte Wacholderbeeren*
1	*Lorbeerblatt*

8	*Kaninchenkeulen (je etwa 250 g)*
4 EL	*Speiseöl, z. B. Rapsöl*
1 EL	*Tomatenmark*
400 ml	*Wildfond*
200 g	*Champignons (aus der Dose)*
1 TL	*gerebelter Thymian*
	frisch gemahlener Pfeffer
	Salz

Zubereitungszeit: 30 Minuten,
ohne Abkühl- und Marinierzeit
Garzeit: etwa 60 Minuten

1. Für die Marinade Möhre und Sellerie putzen, schälen, abspülen, abtropfen lassen und in Würfel schneiden. Zwiebel abziehen und würfeln.

2. Wein mit Gemüsewürfeln und Gewürzen aufkochen, anschließend erkalten lassen. Kaninchenkeulen unter fließendem kalten Wasser abspülen, trocken tupfen, evtl. enthäuten und mit der Marinade begießen. Dann die Kaninchenkeulen zugedeckt über Nacht im Kühlschrank marinieren.

3. Die Keulen aus der Marinade nehmen und etwas trocken tupfen. Öl in einem Bräter erhitzen. Die Keulen darin von allen Seiten gut an anbraten.

4. Marinade durch ein Sieb geben, den Sud dabei auffangen. Marinierte Gemüsewürfel, Wacholderbeeren und Lorbeerblatt zu den Keulen geben und mitbraten.

5. Tomatenmark unterrühren. Wildfond und Rotweinsud hinzugießen. Die Keulen zugedeckt etwa 60 Minuten schmoren lassen.

6. Die Keulen aus der Sauce nehmen und zugedeckt warm stellen. Wacholderbeeren und Lorbeerblatt entfernen. Die Sauce durch ein Sieb passieren.

7. Champignons in einem Sieb abtropfen lassen, unter die Sauce rühren und etwa 5 Minuten mitgaren. Das Ganze mit Thymian, Pfeffer und Salz würzen und mit den Kaninchenkeulen servieren.

Beilage: Mini-Kartoffel-Knödel und Spitzkohlgemüse.

Tipp: Die Sauce zusätzlich mit etwa Saucenbinder binden oder 1 Esslöffel Crème fraîche unterrühren.

Kaninchen in Weißwein

Mit Alkohol

5–6 Portionen

Pro Portion:

E: 52 g, F: 35 g, Kh: 4 g, kJ: 2299, kcal: 549

1	küchenfertiges Wildkaninchen (etwa 1 ½ kg)
	Salz, frisch gemahlener Pfeffer
100 g	fetter Speck
2 EL	Olivenöl
125 ml (⅛ l)	Weißwein
125 ml (⅛ l)	Wasser
1	Lorbeerblatt
½ TL	gerebelter Thymian
2 EL	gehackte Petersilie
12	kleine Schalotten
2 EL	Olivenöl
50 g	gehackte Mandeln
50 g	Pinienkerne

Zum Garnieren:

einige Stängel Petersilie

Zubereitungszeit: 30 Minuten
Garzeit: etwa 60 Minuten

1. Kaninchen innen und außen unter fließendem kalten Wasser abspülen, trocken tupfen, evtl. enthäuten, in Portionsstücke zerlegen. Die Stücke mit Salz und Pfeffer würzen.

2. Den Speck in feine Würfel schneiden. Olivenöl in einem Bräter erhitzen und den Speck darin ausbraten. Speckgrieben herausnehmen. Die Kaninchenstücke in den Bräter geben und von allen Seiten gut anbraten. Den Kaninchenrücken herausnehmen und beiseitestellen.

3. Den Wein und Wasser in den Bratensatz einrühren und zum Kochen bringen. Lorbeerblatt, Thymian und Petersilie hinzufügen und die Kaninchenstücke zugedeckt etwa 35 Minuten garen. Dann den beiseitegestellten Kaninchenrücken wieder in den Bräter geben.

4. Schalotten abziehen. Olivenöl in einer Pfanne erhitzen. Die Schalotten darin anbraten. Mandeln und Pinienkerne hinzugeben und unter Rühren kurz mit anbraten. Die Schalotten-Nuss-Mischung mit in den Bräter geben, das Ganze weitere etwa 25 Minuten garen.

5. Zum Garnieren Petersilienstängel abspülen, trocken tupfen von etwa zwei Dritteln die Blättchen abzupfen und fein hacken. Die Sauce mit Salz und Pfeffer abschmecken. Die Kaninchenstücke mit Sauce und Petersilie garniert servieren.

Beilage: Tomatereis.

Tipp: Den Weißwein können Sie auch durch Wildfond oder Fleischbrühe ersetzen.

Kaninchen mit Backobst

Mit Alkohol

4 Portionen

Pro Portion:

E: 55 g, F: 31 g, Kh: 42 g, kJ: 3198, kcal: 764

250 g	*Backobst (Pflaumen, Aprikosen, Apfel)*
500 ml (¹/₂ l)	*Rotwein*
1 kg	*Wildkaninchen- oder Kaninchenfleisch*
	Salz
	frisch gemahlener Pfeffer
	gerebelter Thymian
3 EL	*Butterschmalz*
250 g	*Zwiebeln*
2	*Lorbeerblätter*
125 ml (¹/₈ l)	*Wasser*
etwa 125 ml	
(¹/₈ l)	*Rotwein*
1–2 EL	*Crème fraîche*

Zubereitungszeit: 30 Minuten, ohne Einweichzeit

Garzeit: 60–70 Minuten

1. Das Backobst in eine Schale legen, mit Rotwein übergießen und 12–24 Stunden einweichen.

2. Das Kaninchenfleisch unter fließendem kalten Wasser abspülen, trocken tupfen und evtl. enthäuten. Die Stücke mit Salz, Pfeffer und Thymian bestreuen. Butterschmalz in einem Bräter erhitzen. Kaninchenstücke darin von allen Seiten gut anbraten.

3. Zwiebeln abziehen, vierteln, zu dem Fleisch geben und mitdünsten lassen. Lorbeerblätter und Wasser hinzufügen. Das Fleisch zugedeckt 30–40 Minuten garen.

4. Dann eingeweichtes Backobst mit dem Rotwein hinzufügen. Das Fleisch mit dem Backobst weitere etwa 30 Minuten garen.

5. Das gare Fleisch herausnehmen und in eine Schale legen. Rotwein und Crème fraîche unter den Bratenfond rühren und erhitzen. Die Sauce mit Salz und Pfeffer abschmecken und auf dem Kaninchenfleisch verteilen.

Beilage: Spätzle oder Zartweizen.

Kaninchen nach Bauernart

Für Kinder

4–6 Portionen

Pro Portion:

E: 50 g, F: 18 g, Kh: 5 g, kJ: 1621, kcal: 388

1	*küchenfertiges Wildkaninchen oder Kaninchen (etwa 1 ½ kg) Salz, frisch gemahlener Pfeffer*
3 EL	*Sonnenblumenöl*
2	*Knoblauchzehen*
1	*Lorbeerblatt*
2 TL	*gerebelter Thymian*
250 ml (¼ l)	*Fleischbrühe*
1	*dicke Möhre*
100 g	*Staudensellerie*
6	*Frühlingszwiebeln*
1–2 EL	*Tomatenmark*
einige Stängel	*Thymian*

Zubereitungszeit: 30 Minuten
Garzeit: etwa 60 Minuten

1. Das Kaninchen in Portionsstücke zerteilen. Kaninchenstücke unter fließendem kalten Wasser abspülen und trocken tupfen. Vom Rücken die Bauchlappen abschneiden und den Rücken enthäuten. Die Kaninchenteile mit Salz und Pfeffer würzen.

2. Öl in einem Bräter erhitzen. Kaninchenstücke von allen Seiten darin anbraten. Knoblauch abziehen, mit Lorbeerblatt und Thymian in den Bräter geben. Etwa die Hälfte der Fleischbrühe hinzugießen und zugedeckt etwa 40 Minuten schmoren. Nach und nach die restliche Brühe hinzugießen.

3. In der Zwischenzeit die Möhre putzen, schälen, abspülen, abtropfen lassen und in etwa 1 cm große Würfel schneiden. Staudensellerie putzen und die harten Außenfäden abziehen. Frühlingszwiebeln putzen. Sellerie und Frühlingszwiebeln abspülen, abtropfen lassen und in dünne Ringe schneiden.

4. Das Gemüse mit in den Bräter geben. Tomatenmark unterrühren und das Ganze zugedeckt weitere etwa 20 Minuten schmoren.

5. Thymian abspülen, trocken tupfen und die Blättchen von den Stängeln zupfen. Das Kaninchen nach Bauernart mit Salz, Pfeffer und Tomatenmark abschmecken. Anschließend mit Thymianblättchen bestreut servieren.

Beilage: Rosenkohl und Röstkartoffeln.

Kaninchenbraten mit Oliven
Einfach – dauert länger
6–8 Portionen

Pro Portion:
E: 61 g, F: 29 g, Kh: 8 g, kJ: 2289, kcal: 547

2	küchenfertige Wildkaninchen oder Kaninchen (oder 2 kg Kaninchenstücke)
220 g	Zwiebeln
2	Knoblauchzehen
200 g	Zucchini
250 g	Tomaten
6 EL	Olivenöl
	Salz
	frisch gemahlener Pfeffer
500 ml (½ l)	Geflügelfond
180 g	trocken eingelegte, entsteinte Oliven
1	Bio-Zitrone (unbehandelt, ungewachst)
1 TL	gerebelter Thymian
1 TL	gerebelter Rosmarin
1 EL	Weizenmehl
1 EL	Speisestärke

Zubereitungszeit: 45 Minuten
Garzeit: etwa 2 Stunden

1. Den Backofen bei Ober-/Unterhitze auf 95 °C vorheizen. Kaninchen unter fließendem kalten Wasser abspülen, abtropfen lassen und evtl. enthäuten. Ganze Kaninchen in Portionsstücke zerlegen.

2. Zwiebeln und Knoblauch abziehen und fein würfeln. Zucchini und Tomaten abspülen und abtropfen lassen. Von der Zucchini die Enden abschneiden. Die Zucchini in etwa 1 cm große Würfel schneiden.

3. Die Tomaten halbieren, die Stängelansätze herausschneiden und ebenfalls in etwa 1 cm große Würfel schneiden.

4. Olivenöl in einem Bräter erhitzen. Kaninchenstücke mit Salz und Pfeffer würzen und darin von allen Seiten etwa 10 Minuten anbraten.

5. Nach und nach Zwiebel-, Knoblauch-, Zucchini- und Tomatenwürfel hinzufügen und mit anbraten.

6. Geflügelfond hinzugießen, kurz aufkochen lassen. Oliven zugeben. Die Zitrone heiß abwaschen, abtrocknen und die Schale abreiben. Zitrone halbieren und auspressen. Zitronenschale und Zitronensaft, Thymian und Rosmarin in den Fond einrühren.

7. Den Bräter auf dem Rost im unteren Drittel in den vorgeheizten Backofen schieben. Das Kaninchen etwa 2 Stunden garen.

8. Die Kaninchenstücke aus dem Bräter nehmen und warm stellen. Die Sauce kurz aufkochen lassen. Mehl und Speisestärke in etwas kaltem Wasser anrühren, in die Sauce einrühren und etwa 5 Minuten köcheln lassen. Die Sauce mit Salz und Pfeffer abschmecken und mit dem Kaninchen servieren.

Beilage: Bandnudeln.

Tipps: Garnieren Sie das Gericht mit Thymianstängeln. Hinweise zum Niedertemperaturgaren finden Sie im Ratgeberteil auf S. 157.

Kanincheneintopf

Einfach – dauert länger
4 Portionen

Pro Portion:
E: 50 g, F: 14 g, Kh: 24 g, kJ: 1786, kcal: 427

1 kg	Wildkaninchen- oder Kaninchenteile, z. B. Brust, Läufe, Keule
	Salz
	frisch gemahlener Pfeffer
3 EL	Olivenöl
2	Zwiebeln
60 g	Schinkenwürfel
1 EL	Tomatenmark
700 ml	Geflügelbrühe
½ TL	getrocknete Rosmarinnadeln
3–4	Pimentkörner
2	Gewürznelken
150 g	Knollensellerie
200 g	Möhren
250 g	festkochende Kartoffeln
80 g	Backpflaumen ohne Stein

Zubereitungszeit: 30 Minuten
Garzeit: etwa 90 Minuten

1. Die Kaninchenteile unter fließendem kalten Wasser abspülen, trocken tupfen, evtl. enthäuten, mit Salz und Pfeffer würzen.

2. Olivenöl in einem Topf erhitzen. Die Kaninchenteile darin von allen Seiten anbraten. Zwiebeln abziehen und in kleine Würfel schneiden. Zwiebel- und Schinkenwürfel hinzugeben, mit anbraten. Tomatenmark unterrühren.

3. Die Brühe hinzugießen und aufkochen. Rosmarin, Piment und Gewürznelken unterrühren. Die Kaninchenteile zugedeckt etwa 60 Minuten köcheln.

4. Sellerie und Möhren putzen. Sellerie, Möhren und Kartoffeln schälen, abspülen, abtropfen lassen und in etwa 1 cm große Würfel schneiden.

5. Die Kaninchenteile aus der Brühe nehmen. Das Fleisch vom den Knochen lösen und in kleine Stücke schneiden.

6. Die Fleischstücke zusammen mit Sellerie-, Möhren- und Kartoffelwürfeln wieder in die Brühe geben, zugedeckt weitere etwa 30 Minuten köcheln lassen.

7. Backpflaumen vierteln und in den Eintopf geben. Den Eintopf mit Salz und Pfeffer abschmecken.

Kaninchenrücken auf Wirsing

Für Gäste
4 Portionen

Pro Portion:
E: 46 g, F: 19 g, Kh: 51 g, kJ: 2337, kcal: 557

4	Wildkaninchen- oder
	Kaninchenrückenfilets
	(etwa 600 g)
	Salz, frisch gemahlener Pfeffer
800 g	Wirsing
150 g	Crème fraîche
	frisch geriebene Muskatnuss
3 EL	Speiseöl, z. B. Rapsöl
500–600 g	Schupfnudeln (aus dem Kühlregal)

einige glatte Petersilienblättchen

Zubereitungszeit: 30 Minuten

1. Die Filets mit Küchenpapier trocken tupfen, evtl. enthäuten, mit Salz und Pfeffer würzen.

2. Von dem Wirsing die äußeren welken Blätter entfernen. Den Wirsing vierteln und den Strunk heraus-schneiden. Wirsing abspülen, abtropfen lassen und klein schneiden.

3. Inzwischen Wasser in einem großen Topf zugedeckt zum Kochen bringen. 1 Teelöffel Salz und den Wirsing (evtl. portionsweise) hineingeben. Wirsingstücke darin etwa 3 Minuten blanchieren, dann in ein Sieb geben und mit kaltem Wasser übergießen. Wirsing gut ab-tropfen lassen.

4. Wirsing wieder in einen Topf geben. Crème fraîche unterrühren und alles etwa 3 Minuten garen. Mit Salz, Pfeffer und Muskat würzen.

5. Dann das Öl in einer Pfanne erhitzen, die Kanin-chenrückenfilets darin von allen Seiten 5–8 Minuten braten.

6. Schupfnudeln nach Packungsanleitung zubereiten. Die Petersilienblättchen abspülen und trocken tupfen. Kaninchenrückenfilets auf dem Wirsinggemüse anrich-ten, mit Petersilie garnieren und mit den Schupfnudeln servieren.

Tipp: Servieren Sie statt Schupfnudeln Gnocchi zum Kaninchen.

Kaninchensalat auf gelben Linsen

Gut vorzubereiten

4 Portionen

Pro Portion:
E: 32 g, F: 12 g, Kh: 34 g, kJ: 1585, kcal: 379

400 g	Wildkaninchen- oder Kaninchenfleisch aus dem Rücken Salz frisch gemahlener Pfeffer
25 g	Butterschmalz
25 g	Frühstücksspeck in Scheiben (Bacon)
½ Bund	Petersilie
½ Bund	Schnittlauch
1 TL	gerebelter Thymian
2	Lorbeerblätter
1 TL	gemahlener Kurkuma
1 TL	Currypulver
250 ml (¼ l)	Wildfond oder -brühe
125 g	gelbe Linsen
4	Bio-Orangen (unbehandelt, ungewachst)
30 ml	Himbeeressig
2 TL	Zucker
125 g	saure Sahne

Zubereitungszeit: 30 Minuten, ohne Durchziehzeit
Garzeit: etwa 40 Minuten

1. Das Fleisch trocken tupfen und evtl. enthäuten. Das Fleisch in etwa 2 cm dicke Scheiben schneiden, mit Salz und Pfeffer würzen.

2. Butterschmalz zerlassen. Die Fleischscheiben darin anbraten. Speck in Streifen schneiden und dazugeben.

3. Petersilie abspülen, trocken tupfen. Die Blättchen von den Stängeln zupfen und fein hacken. Den Schnittlauch abspülen, trocken tupfen und fein schneiden. Etwas von den Kräutern zum Garnieren beiseitelegen. Die restlichen Kräuter mit Thymian, Lorbeerblättern, Kurkuma und Curry hinzugeben.

4. Wildfond hinzugießen. Das Ganze etwa 10 Minuten garen.

5. Die Fleischscheiben herausnehmen und zugedeckt warm stellen. Die Schmorflüssigkeit mit Wasser auf etwa 500 ml (½ l) auffüllen. Die Linsen darin in etwa 30 Minuten gar kochen (dabei die Packungsanleitung beachten). Dann die Linsen abgießen, mit Salz, Pfeffer und den Gewürzen abschmecken.

6. Die Orangen so schälen, dass die weiße Haut mitentfernt wird. Orangen filetieren, dabei den Saft auffangen. Saft mit Essig und Zucker verrühren, mit Salz und Pfeffer abschmecken und mit den Linsen vermischen. Den Salat 10–15 Minuten durchziehen lassen.

7. Den Salat mit Orangenfilets, saurer Sahne und Kräutern anrichten und servieren.

Kaninchenspieße
Raffiniert – schnell
3–4 Portionen

Pro Portion:
E: 46 g, F: 48 g, Kh: 50 g, kJ: 3411, kcal: 814

3	Kaninchenkeulen (je etwa 250–300 g)
je 1	rote, grüne und gelbe Paprikaschote
1–2 EL	Olivenöl
	Salz
	frisch gemahlener Pfeffer

Für die Currymayonnaise:

125 g	leichte Salatmayonnaise
1 EL	Currypulver
1 Msp.	Cayennepfeffer
1 EL	flüssiger Honig

1 Stängel	Thymian
1	Ciabatta-Brot oder 1 kleines Baguette (etwa 250 g)
5–6 EL	Olivenöl

Außerdem:

9	Holzspieße

Zubereitungszeit: 30 Minuten

1. Das Fleisch von den Kaninchenkeulen schneiden. Dann das Fleisch unter fließendem kalten Wasser abspülen, trocken tupfen und in walnussgroße Stücke schneiden.

2. Paprikaschoten halbieren, entstielen, entkernen und die weißen Scheidewände entfernen. Schotenhälften abspülen, abtropfen lassen und ebenfalls in walnussgroße Stücke schneiden.

3. Den Backofen vorheizen.
Ober-/Unterhitze: etwa 160 °C
Heißluft: etwa 140 °C

4. Fleisch- und Paprikawürfel abwechselnd auf die Spieße stecken. Olivenöl in einer großen, ofenfesten

Pfanne erhitzen. Die Spieße darin evtl. in 2 Portionen rundherum 1–2 Minuten anbraten. Dabei mit Salz und Pfeffer würzen. Die Pfanne auf dem Rost in den vorgeheizten Backofen schieben und die Spieße etwa 5 Minuten garen.

5. In der Zwischenzeit für die Currymayonnaise die Mayonnaise mit Currypulver, Cayennepfeffer und dem Honig verrühren. Thymian abspülen und trocken tupfen. Die Blätter von den Stängeln zupfen.

6. Ciabatta oder Baguette in etwa 1 cm breite Scheiben schneiden. Olivenöl in einer Pfanne erhitzen. Thymianblätter hinzugeben. Die Brotscheiben darin von beiden Seiten goldgelb braten. Dabei die Brotscheiben mit etwas Salz bestreuen.

7. Kaninchenspieße mit den Brotscheiben auf einer Platte anrichten. Currymayonnaise in einer Dipschale anrichten.

Kaninchenstücke, gegrillte
Raffiniert – einfach
6 Spieße

Pro Spieß:
E: 27 g, F: 10 g, Kh: 3 g, kJ: 950, kcal: 227

1 kg	Wildkaninchen- oder Kaninchenfleisch (Rücken oder Keule)
etwa 6	stärkere Rosmarinzweige
400 g	kleine Schalotten (etwa 16 Stück) frisch gemahlener, bunter Pfeffer
8 EL	Olivenöl
	Salz

Zubereitungszeit: 35 Minuten, ohne Durchziehzeit
Grillzeit: 15–30 Minuten

1. Das Kaninchenfleisch vom Knochen lösen, evtl. den Bauchlappen entfernen. Das Fleisch unter fließendem kalten Wasser abspülen, trocken tupfen und in etwa 2 cm große Würfel schneiden.

2. Die Rosmarinzweige abspülen und trocken tupfen. 4 Zweige beiseitelegen. Von den restlichen Rosmarin-zweigen die Nadeln abzupfen und grob hacken. Die beiseitegelegten Rosmarinzweige mit einem Messer am unteren Ende anspitzen.

3. Schalotten abziehen. Fleischstücke und Schalotten mit einem Metallspieße durchbohren. Abwechselnd die Fleischstücke und Schalotten auf die angespitzten Rosmarinzweige stecken. Die Spieße in eine flache Schale legen, mit Pfeffer und Rosmarin bestreuen und mit Olivenöl beträufeln. Spieße zugedeckt einige Stunden im Kühlschrank durchziehen lassen.

4. Die Spieße herausnehmen und auf dem heißen Grill (mit Alufolie belegt) 15–30 Minuten grillen. Die Spieße mit Salz und evtl. nochmals mit Pfeffer würzen.

Beilage: Gebackene Ofenkartoffeln.

Tipps: Statt der Rosmarinzweige zum Aufspießen der Fleischstücke und Schalotten können Sie auch Metall- oder Holzspieße verwenden. Wer die Schalotten wei-cher mag, kann sie vor dem Aufspießen in kochendem Salzwasser etwa 2 Minuten kochen, herausnehmen, mit kaltem Wasser abschrecken und trocken tupfen. Statt Schalotten können auch kleine Zwiebeln verwen-det werden.

Leberterrine von der Wildente
Dauert länger
10–12 Portionen

Pro Portion:
E: 23 g, F: 26 g, Kh: 6 g, kJ: 1435, kcal: 343

250 g	Wildentenbrustfilet
600 g	Geflügelleber, z. B. Hühner- oder Putenleber
	Salz
	frisch gemahlener Pfeffer
1 EL	Speiseöl, z. B. Rapsöl
250 g	geräucherter Speck
70 g	Zwiebeln
1 gestr. TL	Salz
1 EL	gerebelter Majoran
1 TL	gerebelter Beifuß
2 EL	Butter
2 EL	Weizenmehl
200 g	Schlagsahne
100 ml	Fleischbrühe
75 g	getrocknete Tomaten, in Öl eingelegt
125 g	Frühstücksspeck in Scheiben (Bacon)

Zubereitungszeit: 60 Minuten,
ohne Gefrier- und Kühlzeit
Backzeit: 50–70 Minuten
Haltbarkeit: gut gekühlt etwa 3 Tage

1. Wildentenbrustfilet und Geflügelleber unter fließendem kalten Wasser abspülen, trocken tupfen. Vom Wildentenbrustfilet die Haut abschneiden und die Haut in kleine Stücke schneiden. Entenbrustfilets mit Salz und Pfeffer würzen.

2. Speiseöl in einer Pfanne erhitzen. Die Entenbrustfilets darin unter gelegentlichem Wenden etwa 6 Minuten braten, dann erkalten lassen.

3. Die Geflügelleber evtl. entsehnen, in kleine Stücke schneiden. Speck fein würfeln. Die Speck-, Entenhaut- und Leberstücke für etwa 15 Minuten tiefgefrieren, dann in einem Blitzhacker fein zerkleinern oder durch einen Fleischwolf mit feiner Scheibe drehen.

4. Zwiebeln abziehen, halbieren, fein würfeln und unter die Lebermasse rühren. Lebermasse mit Salz, Pfeffer, Majoran und Beifuß würzen.

5. Butter in einem Topf zerlassen. Mehl unter Rühren so lange darin erhitzen, bis es hellgelb ist. Die Sahne und Fleischbrühe hinzugießen und mit einem Schneebesen gut durchrühren. Dabei darauf achten, dass keine Klümpchen entstehen. Sauce unter Rühren kurz aufkochen, anschließend etwas abkühlen lassen.

6. Tomaten in einem Sieb abtropfen lassen und in Stücke schneiden. Tomatenstücke und Sauce mit der Lebermasse verrühren.

7. Den Backofen vorheizen.
Ober-/Unterhitze: etwa 180 °C
Heißluft: etwa 160 °C

8. Eine Terrinenform (etwa 1,5-Liter-Inhalt) oder eine Kastenform (25 x 11 cm) mit einigen Frühstücksspeckscheiben nach Möglichkeit so auslegen, dass die Scheiben etwas über den Rand hängen. Die Hälfte der Lebermasse in die Form geben und glatt streichen. Die Entenbrustfilets längs darauflegen, die restliche Lebermasse darauf verstreichen und überhängende Frühstücksspeckscheiben darüberklappen. Die restlichen Speckscheiben darauflegen.

9. Die Form auf dem Rost im unteren Drittel in den vorgeheizten Backofen schieben und die Terrine 50–70 Minuten backen.

10. Leberterrine nach dem Backen erkalten lassen und dann mindestens 3 Stunden in den Kühlschrank stellen. Terrine in der Form servieren oder aus der Kastenform lösen und auf eine Platte stürzen.

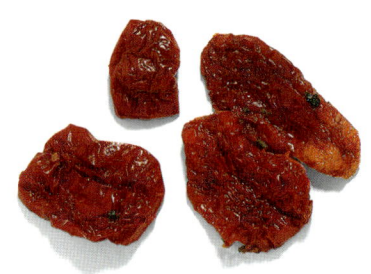

Linsensuppe mit Fasan

Raffiniert – mit Alkohol

4 Portionen

Pro Portion:
E: 48 g, F: 18 g, Kh: 36 g, kJ: 2289, kcal: 547

1	küchenfertiger Fasan (etwa 800 g)
1	Zwiebel
1	Lorbeerblatt
3	Gewürznelken
2 l	kochendes Wasser

½ Stange	Porree (Lauch)
1	Möhre
6	Pfefferkörner
3	Wacholderbeeren
1 gestr. TL	Salz
	frisch gemahlener Pfeffer
1 EL	Schweineschmalz
60 g	fein gewürfelter, geräucherter Speck
je 60 g	fein gewürfelte Zwiebeln und Möhren
40 g	fein gewürfelter Staudensellerie
200 g	getrocknete Linsen
2 EL	Tomatenmark
125 ml (⅛ l)	Rotwein
80 g	Backpflaumen
80 ml	Sherry
3 EL	Balsamico-Essig
1 TL	Dijonsenf
1 Prise	Zucker
	frisch geriebene Muskatnuss
½ Bund	Schnittlauch

Zubereitungszeit: 50 Minuten, ohne Abkühlzeit
Garzeit: 75–85 Minuten

1. Fasan innen und außen unter fließendem kalten Wasser abspülen. Den Fasan trocken tupfen und in einen Topf geben. Zwiebel mit Lorbeerblatt und Gewürznelken spicken, zum Fasan geben. So viel kochendes Wasser hinzugießen, dass der Fasan gut bedeckt ist. Wieder zum Kochen bringen und abschäumen.

2. Porree putzen, die Stange längs halbieren, gründlich waschen und abtropfen lassen. Die Möhre putzen, schälen, abspülen, abtropfen lassen. Porree, Möhre, Pfefferkörner, Wacholderbeeren, Salz und Pfeffer zum Fasan in den Topf geben, wieder zum Kochen bringen und zugedeckt 40–50 Minuten garen.

3. Den Fasan aus der Brühe nehmen und etwas abkühlen lassen. Die Brühe durch ein Sieb gießen. Die Fasanenhaut abziehen, das Fleisch von den Knochen lösen. Sehnen entfernen, Fleisch in Stücke schneiden.

4. Das Schmalz in dem Topf zerlassen, Speck- und Gemüsewürfel darin andünsten. Die Linsen hinzufügen, andünsten. Tomatenmark unterrühren und mit andünsten.

5. Rotwein hinzugießen, zum Kochen bringen und einkochen lassen, mit der Fasanenbrühe auffüllen. Backpflaumen vierteln, hinzufügen, zum Kochen bringen und zugedeckt etwa 35 Minuten kochen lassen. Die Linsensuppe mit Sherry, Essig, Senf, Salz, Pfeffer, Zucker und Muskat süßsauer abschmecken.

6. Den Schnittlauch abspülen, trocken tupfen und in Röllchen schneiden. Fleischstücke in der Suppe erhitzen. Die Suppe mit Schnittlauchröllchen bestreut servieren.

Linsensuppe mit Rehfleisch

Einfach

4–6 Portionen

Pro Portion:
E: 23 g, F: 5 g, Kh: 52 g, kJ: 1473, kcal: 352

1	*Bund Suppengrün*
	(Möhre, Sellerie, Porree)
1	*Zwiebel*
200 g	*Rehfleisch, z. B. aus der Keule*
	Salz
	frisch gemahlener Pfeffer
1–2 EL	*Olivenöl*
250 g	*Paradina-Linsen*
750 ml (¾ l)	*roter Traubensaft*
750 ml (¾ l)	*Gemüsebrühe*
1	*Lorbeerblatt*
2	*Pimentkörner*
2	*Pfefferkörner*

Zubereitungszeit: 30 Minuten
Garzeit: etwa 30 Minuten

1. Suppengrün putzen. Dazu Möhre und Sellerie schälen, abspülen, abtropfen lassen und in Würfel schneiden. Porreestange längs halbieren, gründlich abspülen, abtropfen lassen und in kleine Stücke schneiden. Zwiebel abziehen und in Würfel schneiden.

2. Das Rehfleisch mit Küchenpapier trocken tupfen, evtl. enthäuten, mit Salz und Pfeffer würzen.

3. Das Öl in einem Topf erhitzen. Das Rehfleisch darin kurz von allen Seiten anbraten. Suppengrün und die Zwiebelwürfel hinzufügen und kurz unter Rühren mit anbraten.

4. Die Linsen mit dem Saft und der Gemüsebrühe hinzugeben und unterrühren. Lorbeerblatt, Piment- und Pfefferkörner zu den Linsen geben. Das Ganze zum Kochen bringen, etwa 30 Minuten bei schwacher Hitze zugedeckt kochen.

5. Dann das gare Fleisch aus der Suppe nehmen und in kleine Würfel schneiden. Das Fleisch wieder in die Suppe geben. Die Linsensuppe mit Salz und Pfeffer abschmecken. Das Lorbeerblatt entfernen und die Suppe servieren.

Tipp: Zum Servieren die Suppe zusätzlich mit frischen Thymian garnieren.

Maibockrückenfilet unter einer Kräuterhaube

Raffiniert – für Gäste

4–6 Portionen

Pro Portion:
E: 38 g, F: 25 g, Kh: 9 g, kJ: 1731, kcal: 413

800 g	Maibockrückenfilet
	Salz
	frisch gemahlener Pfeffer
2 EL	Olivenöl

Für die Kräuterhaube:

75 g	weiche Butter
4–5 EL	gemischte, gehackte Kräuter, z. B. Thymian, Rosmarin, Petersilie, Schnittlauch
3 EL	Semmelbrösel

Für den Spargel:

1–1 1/4 kg	weißer Spargel
	Salzwasser
1 Prise	Zucker
1 TL	Butter

400 ml	Wildfond
20 g	Butter
1 TL	Speisestärke
1 1/4 TL	gemahlener Koriander

Zum Bestreuen:

1 EL	gehackte Petersilie oder Kerbel

Zubereitungszeit: 60 Minuten

1. Den Backofen vorheizen.
Ober-/Unterhitze: etwa 120 °C
Heißluft: etwa 100 °C

2. Das Filet mit Küchenpapier trocken tupfen, evtl. enthäuten, mit Salz und Pfeffer würzen. Das Olivenöl in einer Pfanne erhitzen. Das Filet darin rundherum in 1–2 Minuten kurz anbraten. Anschließend das Filet aus der Pfanne nehmen und in eine Auflaufform (gefettet) legen.

3. Für die Kräuterhaube die Butter mit den Kräutern und Semmelbröseln verrühren. Die Buttermasse mit Salz und Pfeffer abschmecken und auf des Rehfilet streichen.

4. Die Auflaufform auf dem Rost auf mittlerer Einschubleiste in den vorgeheizten Backofen schieben. Das Filet etwa 40 Minuten garen.

5. Für den Spargel in der Zwischenzeit den Spargel von oben nach unten schälen. Darauf achten, dass die Schalen vollständig entfernt, die Köpfe aber nicht verletzt werden. Die unteren Enden abschneiden (holzige Stellen vollkommen entfernen).

6. Den Spargel abspülen, abtropfen lassen und in etwa 3 cm lange Stücke schneiden.

7. Salzwasser mit Zucker und Butter in einem Topf zum Kochen bringen. Spargelstücke hinzugeben, wieder zum Kochen bringen und zugedeckt etwa 8 Minuten garen.

8. Den Wildfond in die Pfanne mit dem Bratensatz einrühren und zum Kochen bringen. Anschließend die Sauce etwa 10 Minuten um etwa die Hälfte einkochen lassen.

9. Die Spargelstücke in einem Sieb abtropfen lassen.

10. Die Butter in einer Pfanne zerlassen. Die Spargelstücke darin anbraten, mit Salz und Pfeffer würzen und warm stellen.

11. Die Stärke mit etwas Wasser anrühren und in die Sauce einrühren. Die Sauce aufkochen lassen, mit Salz, Pfeffer und Koriander abschmecken.

12. Das Maibockrückenfilet in Scheiben schneiden und danach mit der Sauce und mit den mit Petersilie oder Kerbel bestreuten, gebratenen Spargelstücken servieren.

Beilage: Kleine Frühkartoffeln.

Tipp: Wenn Sie möchten, dann können Sie die Sauce zusätzlich mit 2–3 Esslöffeln Sherry abschmecken.

Mufflonkarree mit Hagebuttensauce

Für Gäste
4 Portionen

Pro Portion:
E: 48 g, F: 25 g, Kh: 12 g, kJ: 1953, kcal: 466

Für die Sauce:

1	Schalotte
1	Knoblauchzehe
1 EL	Olivenöl
75 g	TK-Suppengrün
je 3 Stängel	Thymian und Rosmarin
100 ml	Wasser
400 ml	Lammfond
3	zerdrückte Wacholderbeeren
3	Pimentkörner
1	Sternanis
1	Lorbeerblatt
	Salz, frisch gemahlener Pfeffer

etwa 1,2 kg	küchenfertiger Mufflonrücken
½ TL	gerebelter Thymian
3–4	Knoblauchzehen
2 EL	Olivenöl

etwa 2 EL	Hagebuttenkonfitüre oder Hagebuttenmark (Hiffenmark)
1 TL	Speisestärke

Zubereitungszeit: 70 Minuten

1. Für die Sauce Schalotte und Knoblauch abziehen und fein würfeln. Das Olivenöl in einem Topf erhitzen. Die Schalotten- und Knoblauchwürfel darin andünsten. TK-Suppengün unterrühren, kurz mitdünsten.

2. Die Kräuterstängel abspülen und abtropfen lassen. Wasser und Fond in den Topf gießen. Die Gewürze und je 1 Stängel Thymian und Rosmarin hinzugeben. Das Ganze mit Salz und Pfeffer würzen, etwa 30 Minuten köcheln lassen.

3. In der Zwischenzeit den Backofen vorheizen.
Ober-/Unterhitze: etwa 180 °C
Heißluft: etwa 160 °C

4. Den Mufflonrücken unter fließendem kalten Wasser abspülen, trocken tupfen, evtl. enthäuten. Den Mufflonrücken mit Salz, Pfeffer und Thymian würzen. Knoblauch abziehen und in dünne Scheiben schneiden.

5. Olivenöl in einer Pfanne erhitzen. Den Mufflonrücken darin kurz rundherum anbraten. Den Mufflonrücken aus der Pfanne nehmen und in eine Auflaufform (gefettet) legen. Je 1 Stängel Thymian und Rosmarin etwas kleiner zupfen und mit den Knoblauchscheiben auf den Mufflonrücken legen.

6. Die Auflaufform auf dem Rost auf mittlerer Einschubleiste in den vorgeheizten Backofen schieben. Den Mufflonrücken etwa 30 Minuten garen.

7. Den Saucenfond durch ein Sieb abgießen und auffangen. Nach Belieben das mitgegarte Gemüse durch das Sieb in den Fond streichen.

8. Den Saucenfond (es sollten etwa 300 ml sein, evtl. mit Wasser auffüllen) in der Pfanne mit dem Bratensatz zum Kochen bringen.

9. Hagebuttenkonfitüre in die Sauce einrühren. Stärke mit etwas Wasser anrühren und in die Sauce einrühren. Die Sauce aufkochen lassen, mit Salz und Pfeffer abschmecken.

10. Das Fleisch vom Knochengerüst lösen, in Scheiben schneiden und wieder auf das Knochengerüst legen. Mufflonkarree mit den restlichen Thymian- und Rosmarinstängeln garnieren und mit der Hagebuttensauce servieren.

Beilage: Kleine in Olivenöl angebratene Kartoffeln, mit Rosmarin bestreut.

Perlhuhn auf Balsamico-Linsen
Etwas teurer – dauert länger
8 Portionen

Pro Portion:
E: 74 g, F: 29 g, Kh: 35 g, kJ: 2945, kcal: 703

2	küchenfertige Perlhühner (je etwa 1,3 kg)
	Salz
	frisch gemahlener Pfeffer
90 g	Zwiebeln
250 g	Möhren
150 g	Petersilienwurzeln
6 EL	Olivenöl
120 g	Schinkenwürfel
250 ml (¼ l)	Hühnerbrühe
500 g	Beluga-Linsen oder Berg-Linsen
1 EL	mittelscharfer Senf
5 EL	Balsamico-Essig

Zubereitungszeit: 40 Minuten
Garzeit: etwa 3 ½ Stunden

1. Den Backofen bei Ober-/Unterhitze auf 95 °C vorheizen. Die Perlhühner unter fließendem kalten Wasser innen und außen abspülen, trocken tupfen, mit Salz und Pfeffer innen und außen würzen.

2. Zwiebeln abziehen und fein würfeln. Möhren und Petersilienwurzeln putzen, schälen, abspülen, abtropfen lassen und in kleine Würfel schneiden.

3. Das Olivenöl in einem großen Bräter erhitzen. Die Perlhühner darin unter Wenden anbraten. Die Zwiebelwürfel hinzufügen und anbraten. Dann die Möhren-, Petersilienwurzel- und Schinkenwürfel hinzufügen, kurz mit anbraten. Hühnerbrühe hinzugießen. Das Ganze kurz aufkochen lassen.

4. Den Bräter auf dem Rost im unteren Drittel in den vorgeheizten Backofen schieben und die Perlhühner etwa 3 ½ Stunden garen.

5. Etwa 35 Minuten vor dem Ende der Garzeit die Linsen nach Packungsanleitung zubereiten.

6. Die Perlhühner aus dem Bräter nehmen, auf eine hitzebeständige Platte legen. Diese auf dem Rost in den Backofen schieben und unter dem vorgeheizten Backofengrill (etwa 240 °C) 5–10 Minuten grillen.

7. Die Linsen in den Bratensud geben, unterrühren, evtl. nochmals kurz erwärmen, mit Senf und Essig abschmecken und mit den Perlhühnern servieren.

Beilage: Servieren Sie eine **Kartoffel-Frühlingszwiebel-Pfanne** dazu. Für 8 Portionen dafür 1 ½ kg neue, kleine Kartoffeln gut waschen, evtl. mit einer Bürste abbürsten. Kartoffeln mit Wasser bedeckt und 1 Teelöffel Salz in einem Topf zum Kochen bringen. Die Kartoffeln etwa 20 Minuten kochen. Kartoffeln abgießen, warm halten. 2 Bund Frühlingszwiebeln putzen, abspülen, abtropfen lassen und dann in etwa 3 cm lange Stücke schneiden. 6 Esslöffel Olivenöl in einer großen Pfanne bzw. in einem Bräter erhitzen. Die Frühlingszwiebelstücke darin andünsten. Kartoffeln hinzufügen und unter Rühren kurz mitdünsten, mit Salz und Pfeffer würzen.

Tipps: Die Perlhühner auf Balsamico-Linsen mit Basilikum garniert servieren. Statt Perlhühner können Sie auch Poularden verwenden. Hinweise zum Niedertemperaturgaren finden Sie im Ratgeberteil auf S. 157.

Perlhuhn mit Champignon-Mett-Füllung

Raffiniert
4 Portionen

Pro Portion:
E: 70 g, F: 59 g, Kh: 10 g, kJ: 3544, kcal: 847

350 g	Champignons
1	rote Zwiebel
2 EL	Olivenöl
1	küchenfertiges Perlhuhn (etwa 1,1 kg)
	Salz
	frisch gemahlener Pfeffer
250 g	Kalbsbrät oder Schweinemett
3 EL	Schlagsahne
2 EL	Semmelbrösel
30 g	Pistazienkerne
1 TL	gerebelter Thymian
2 EL	Olivenöl
800 g	Wirsing
40 g	Butter
80 g	Schinkenwürfel
1 EL	Crème fraîche
	frisch geriebene Muskatnuss

Außerdem:
evtl. Holzstäbchen oder Rouladennadeln

Zubereitungszeit: 45 Minuten
Garzeit: etwa 60 Minuten

1. Champignons putzen, evtl. kurz abspülen und gut abtropfen lassen. Etwa 80 g davon in feine Würfel schneiden. Zwiebel abziehen und fein würfeln.

2. Olivenöl in einer Pfanne erhitzen. Zuerst die Zwiebelwürfel darin andünsten. Dann die Champignonwürfel hinzugeben und mit andünsten. Die Mischung aus der Pfanne nehmen und etwas abkühlen lassen.

3. Das Perlhuhn innen und außen unter fließendem kalten Wasser abspülen, trocken tupfen, mit Salz und Pfeffer würzen.

4. Das Kalbsbrät oder Schweinemett mit Champignon-Zwiebel-Mischung, Sahne, Semmelbröseln, Pistazienkernen und Thymian vermengen. Die Masse mit Salz und Pfeffer würzen. Das Perlhuhn mit der Masse füllen (wenn etwas Masse übrig bleibt, neben das Perlhuhn mit in den Bräter geben und mitgaren). Die Öffnung evtl. mit Holzstäbchen oder Rouladennadeln verschließen.

5. Den Backofen vorheizen.
Ober-/Unterhitze: etwa 180 °C
Heißluft: etwa 160 °C

6. Olivenöl in einem Bräter erhitzen. Das Perlhuhn darin rundherum etwa 8 Minuten gut anbraten.

7. Den Bräter auf dem Rost im unteren Drittel in den vorgeheizten Backofen schieben. Das Perlhuhn etwa 60 Minuten garen.

8. Etwa 30 Minuten vor dem Ende der Garzeit Wirsing putzen, halbieren, vierteln und den Strunk herausschneiden. Wirsing abspülen, abtropfen lassen und in Streifen schneiden.

9. Salzwasser in einem Topf zum Kochen bringen. Wirsingstreifen darin kurz blanchieren, in ein Sieb geben, mit kaltem Wasser abschrecken, abtropfen lassen.

10. Butter in einem Topf zerlassen. Die Schinkenwürfel darin anbraten. Wirsingstreifen hinzufügen. Crème fraîche unterrühren.

11. Die restlichen Champignons in Scheiben schneiden und unter den Wirsing rühren. Das Gemüse etwa 5 Minuten köcheln lassen, dann mit Salz und Muskat abschmecken.

12. Das Perlhuhn aus dem Bräter nehmen, in Portionsstücke teilen, mit der Füllung und dem Wirsing-Champignon-Gemüse servieren.

Beilage: Kartoffelpüree.

Tipps: Das Perlhuhn ganz mit einem Kräutersträußchen garniert servieren und erst bei Tisch in Portionsstücke teilen.

Pot-au-feu von der Hirschschulter

Mit Alkohol
6 Portionen

Pro Portion:
E: 54 g, F: 15 g, Kh: 15 g, kJ: 1827, kcal: 436

1	*Hirschschulter, ohne Knochen (etwa 1 ½ kg)*
	Salz
	frisch gemahlener Pfeffer
2	*Orangen*
4 EL	*Olivenöl*
500 ml (½ l)	*Wildfond*
600 ml	*Fleischbrühe*
80 ml	*trockener Madeira (Likörwein)*
2	*Lorbeerblätter*
3	*Gewürznelken*
2	*Möhren (etwa 200 g)*
1	*Petersilienwurzel (etwa 100 g)*
120 g	*Knollensellerie*
150 g	*festkochende Kartoffeln*
120 g	*Spitzkohl*
150 g	*Zuckerschoten*
150 g	*grüne Bohnen*
120 g	*vorgegarte Rote Bete (gibt es vakuumverpackt)*

Zubereitungszeit: 35 Minuten
Garzeit: etwa 70 Minuten

1. Die Hirschschulter unter fließendem kalten Wasser abspülen, mit Küchenpapier trocken tupfen, enthäuten und entsehnen. Dann das Fleisch in etwa 1 ½ cm große Würfel schneiden, mit Salz und Pfeffer würzen.

2. Orangen halbieren und den Saft auspressen.

3. Olivenöl in einem großen Topf erhitzen. Die Fleischstücke darin portionsweise anbraten.

4. Dann Wildfond, Fleischbrühe, Orangensaft und Madeira hinzugießen. Lorbeerblätter und Nelken hinzugeben und unterrühren. Das Ganze bei schwacher Hitze zugedeckt etwa 70 Minuten köcheln lassen.

5. Die Möhren, Petersilienwurzel und Sellerie putzen. Die Kartoffeln, Möhren, Petersilienwurzel und Sellerie schälen, abspülen, abtropfen lassen und in etwa 1 cm große Würfel schneiden.

6. Spitzkohl putzen, evtl. den Stunk herausschneiden, abspülen, abtropfen lassen und in Streifen schneiden.

7. Zuckerschoten und Bohnen putzen, evtl. abfädeln, abspülen, abtropfen lassen und in etwa 2 cm lange Stücke schneiden.

8. Etwa 15 Minuten vor dem Ende der Garzeit zuerst die Kartoffel-, Petersilienwurzel- und Selleriewürfel zum Fleisch in den Topf geben und unterrühren. Dann nach und nach Bohnenstücke und Möhrenwürfel, Spitzkohlstreifen und Zuckerschotenstücke hinzugeben und mitgaren.

9. Rote Bete ebenfalls in Würfel schneiden und zum Schluss in den Eintopf geben.

10. Den Eintopf noch einmal kurz aufkochen lassen, mit Salz und Pfeffer abschmecken und servieren.

Tipps: Für dieses Gericht können Sie auch andere verhältnismäßig preisgünstige Fleischstücke, wie z. B. Brust, verwenden. Auch Fleischstücke vom Wildschwein, Reh oder Hirsch eignen sich gut.

Rehblatt

Einfach

4 Portionen

Pro Portion:

E: 58 g, F: 14 g, Kh: 6 g, kJ: 1627, kcal: 388

1 Bund	*Suppengrün*
	(Möhre, Sellerie, Porree)
1	*Rehblatt mit Knochen*
	(etwa 1¼ kg)
	Salz
	frisch gemahlener Pfeffer
2 EL	*Olivenöl*
1 l	*Wildfond*
1–2 TL	*Weizenmehl*
	kaltes Wasser
evtl. einige	*Kräuter*

Zubereitungszeit: 30 Minuten
Garzeit: etwa 2 Stunden

1. Das Suppengrün putzen. Dazu Möhre und Sellerie schälen, abspülen, abtropfen lassen und in Würfel schneiden. Die Porreestange längs halbieren, gründlich abspülen, abtropfen lassen und in kleine Stücke schneiden.

2. Rehblatt unter fließendem kaltem Wasser abspülen, trocken tupfen und enthäuten. Das Rehblatt mit Salz und Pfeffer würzen. Olivenöl in einem Bräter erhitzen. Das Rehblatt darin von allen Seiten gut anbraten. Das Suppengrün hinzugeben und mit anbraten. Etwa die Hälfte des Wildfonds hinzugeben und zum Kochen bringen.

3. Das Rehblatt zugedeckt bei mittlerer Hitze etwa 2 Stunden schmoren. Nach und nach die verdampfte Flüssigkeit durch den restlichen Wildfond ersetzen.

4. Das gare Rehblatt aus dem Bräter nehmen und zugedeckt warm stellen.

5. Den Bratenfond durch ein Sieb in einen Topf gießen und wieder zum Kochen bringen. Weizenmehl mit

kaltem Wasser anrühren, in die Sauce einrühren. Die Sauce etwa 5 Minuten köcheln lassen, dann mit Salz abschmecken.

6. Das Fleisch vom Knochen lösen und mit der Sauce auf Tellern anrichten. Kräuter abspülen, trocken tupfen und das Ganze damit garniert servieren,

Beilage: Rotkohl und Klöße mit Bröselbutter.

Tipp: Das Fleisch vor dem Schmoren in Buttermilch legen und zugedeckt 1–2 Tage im Kühlschrank durchziehen lassen. So wird es noch zarter.

Rehgeschnetzeltes

Schnell – mit Alkohol

2 Portionen

Pro Portion:

E: 38 g, F: 36 g, Kh: 14 g, kJ: 2332, kcal: 628

300 g	*Rehfilet*
30 g	*Butterschmalz*
	Salz
	frisch gemahlener Pfeffer
2 EL	*Weinbrand*
1	*Zwiebel*
1	*Möhre*
1 Stück	*Porree (Lauch)*
125 ml (¹/₈ l)	*Rotwein*
125 g	*Schlagsahne*
1 TL	*Tomatenmark*
1 EL	*Johannisbeergelee*
1 EL	*gehackte Petersilie*

Zubereitungszeit: 20 Minuten

1. Rehfilet mit Küchenpapier trocken tupfen, evtl. enthäuten und in Streifen schneiden. Das Butterschmalz in einer Pfanne zerlassen. Die Fleischstreifen kurz darin anbraten.

2. Die Filetstreifen mit Salz und Pfeffer würzen, mit Weinbrand beträufeln. Filetstreifen aus der Pfanne herausnehmen und zugedeckt warm stellen.

3. Zwiebel abziehen und fein würfeln. Möhre putzen, schälen, abspülen, abtropfen lassen und in Streifen schneiden. Porree putzen. Die Stange längs halbieren, gründlich abspülen, abtropfen lassen und in dünne Streifen schneiden. Das Gemüse in der Pfanne in dem verbliebenen Bratfett andünsten, mit Salz und Pfeffer würzen. Rotwein und Sahne unterrühren. Danach die Filetstreifen wieder in die Pfanne geben.

4. Tomatenmark und Gelee unterrühren, evtl. etwas einkochen lassen. Geschnetzeltes nochmals abschmecken und mit Petersilie bestreut servieren.

Beilage: Spätzle und gefüllte Birne.

Rehkeule

Klassisch – mit Alkohol
6 Portionen

Pro Portion:
E: 46 g, F: 14 g, Kh: 14 g, kJ: 1605, kcal: 384

1½ kg	Rehkeule mit Knochen
3 EL	Speiseöl,
	z. B. Sonnenblumenöl
1 TL	gerebelter Majoran
1 TL	gerebelter Thymian
1 TL	gerebelter Rosmarin
100 g	fetter Speck in dünnen Scheiben
	Salz
	frisch gemahlener Pfeffer
etwa 150 ml	heißer Wildfond
1	Zwiebel
100 g	Möhren
150 g	Porree (Lauch)
2 EL	Tomatenmark

Für die Sauce:

125 ml (⅛ l)	Rotwein
250 ml (¼ l)	Wildfond oder heißes Wasser
100 g	Schlagsahne
20 g	Weizenmehl
3 EL	kaltes Wasser
3 EL	Preiselbeeren (aus dem Glas)
einige Blättchen	vorbereiteter Thymian

Zubereitungszeit: 30 Minuten, ohne Marinierzeit
Bratzeit: 2–2½ Stunden

1. Die Rehkeule unter fließendem kalten Wasser abspülen, trocken tupfen und evtl. enthäuten. Das Speiseöl mit Majoran, Thymian und Rosmarin verrühren. Rehkeule damit bestreichen und mit Frischhaltefolie abgedeckt über Nacht im Kühlschrank marinieren.

2. Den Backofen vorheizen.
Ober-/Unterhitze: etwa 200 °C
Heißluft: etwa 180 °C

3. Die Hälfte der Speckscheiben in einen mit Wasser ausgespülten Bräter legen. Die Rehkeule mit Salz und Pfeffer bestreuen, auf die Speckscheiben in den Bräter legen. Die Keule mit den restlichen Speckscheiben bedecken.

4. Den Bräter ohne Deckel auf dem Rost im unteren Drittel in den vorgeheizten Backofen schieben. Die Rehkeule 2–2½ Stunden braten.

5. Sobald der Bratensatz zu bräunen beginnt, den Fond zugießen. Das Fleisch ab und zu mit dem Bratensatz begießen, verdampfte Flüssigkeit nach und nach durch heißes Wasser oder Fond ersetzen.

6. Inzwischen die Zwiebel abziehen. Möhren putzen, schälen, abspülen und abtropfen lassen.

7. Porree putzen, die Stange längs halbieren, gründlich abspülen und abtropfen lassen. Das Gemüse grob zerkleinern.

8. Nach etwa 60 Minuten Bratzeit erst das Tomatenmark unterrühren, dann das Gemüse zugeben und weitere 1–1½ Stunden mitbraten.

9. Das gegarte Fleisch aus dem Bräter nehmen und zugedeckt etwa 10 Minuten ruhen lassen.

10. Für die Sauce den Bratensatz mit Rotwein und Wildfond loskochen, mit dem Gemüse durch ein Sieb streichen. Den Bratensatz mit Brühe oder Wasser auf 400 ml auffüllen und anschließend mit der Sahne zum Kochen bringen.

11. Mehl mit Wasser verrühren und in die kochende Sauce einrühren. Dabei darauf achten, dass keine Klümpchen entstehen. Dann die Sauce ohne Deckel etwa 5 Minuten unter gelegentlichem Rühren leicht kochen lassen.

12. Preiselbeeren, Thymianblättchen und evtl. ausgetretenen Fleischsaft unter die Sauce rühren.

13. Die Sauce mit Salz und Pfeffer würzen. Speck von der Rehkeule entfernen. Das Fleisch in Scheiben schneiden und mit der Sauce servieren.

Beilage: Kartoffelklöße und Rotkohl.

Rehkeule in Preiselbeersauce

Für Gäste – mit Alkohol
6 Portionen

Pro Portion:
E: 72 g, F: 16 g, Kh: 12 g, kJ: 2199, kcal: 526

1	*Rehkeule (etwa 2 1/2 kg)*
2 Stängel	*Thymian*
2 Stängel	*Rosmarin*
2	*Lorbeerblätter*
2 EL	*flüssiger Honig*
1 TL	*gemahlener Koriander*
1 Msp.	*gemahlener Piment*
1 Stange	*Porree (Lauch)*
2	*Möhren*
200 g	*Knollensellerie*
1	*Gemüsezwiebel (150 g)*
2 EL	*Butterschmalz*
1 EL	*Tomatenmark*
400 ml	*Rotwein*
3 EL	*Preiselbeeren (aus dem Glas)*
	Salz
400 ml	*Wasser*
	frisch gemahlener Pfeffer
2 EL	*kalte Butter*

Zubereitungszeit: 50 Minuten, ohne Marinierzeit
Garzeit: 2–2 1/2 Stunden

1. Die Rehkeule unter fließendem kalten Wasser abspülen, trocken tupfen und evtl. enthäuten. Thymian und Rosmarin abspülen und trocken tupfen. Die Blättchen und Nadeln von den Stängeln zupfen. Blättchen und Nadeln klein schneiden. Lorbeerblätter in kleine Stücke brechen. Kräuter und Lorbeer mit Honig, Koriander und Piment verrühren. Die Rehkeule damit bestreichen und in einen großen Gefrierbeutel geben. Den Beutel verschließen. Rehkeule über Nacht im Kühlschrank durchziehen lassen.

2. Porree putzen, längs halbieren, gründlich abspülen und in kleine Stücke schneiden. Möhren und Sellerie putzen, schälen, abspülen, abtropfen lassen und in kleine Würfel schneiden. Die Zwiebel abziehen und in kleine Würfel schneiden.

3. Den Backofen vorheizen.
Ober-/Unterhitze: etwa 160 °C
Heißluft: etwa 140 °C

4. Butterschmalz in einem Bräter erhitzen. Vorbereitetes Gemüse darin anbraten. Tomatenmark unterrühren und anrösten. Mit der Hälfte des Rotweins ablöschen, zum Kochen bringen und einkochen lassen. Restlichen Rotwein und 2 Esslöffel Preiselbeeren hinzugeben.

5. Die Rehkeule aus dem Beutel nehmen, mit Salz bestreuen und auf das Gemüse legen. Das Wasser hinzugießen.

6. Dann den Bräter auf dem Rost in den vorgeheizten Backofen schieben. Die Rehkeule 2–2 1/2 Stunden garen. Verdampfte Flüssigkeit nach und nach durch Wasser ersetzen.

7. Die Rehkeule aus dem Bräter nehmen und zugedeckt warm stellen. Den Bratenfond durch ein Sieb in einen Topf gießen, etwas einkochen lassen, restliche Preiselbeeren unterrühren. Die Sauce mit Salz und Pfeffer abschmecken. Topf von der Kochstelle nehmen und dann die Butter in kleinen Stücken in die Sauce rühren.

8. Den Knochen aus der Rehkeule herausschneiden. Das Fleisch in Scheiben schneiden. Ausgetretenen Fleischsaft in die Sauce geben. Das Fleisch mit der Sauce auf vorgewärmten Tellern anrichten.

Beilage: Salzkartoffeln und Porreegemüse. Für das **Porreegemüse** 1 kg Porree (Lauch) putzen, gründlich abspülen und schräg in etwa 3 cm lange Stücke schneiden. Die Porreestücke nochmals abspülen. Etwa 125 ml (1/8 l) Gemüsebrühe in einem Topf aufkochen. Die Porreestücke in den Topf geben und aufkochen. Die Porreestücke zugedeckt 10–15 Minuten garen. 4 Stängel Thymian abspülen, trocken tupfen, die Blättchen abzupfen und hacken. Kurz vor Ende der Garzeit 80 g Butter in einer Pfanne zerlassen. 3–4 Esslöffel Semmelbrösel darin goldbraun rösten, den gehackten Thymian dazugeben und erhitzen. Porree abgießen, abtropfen lassen und mit dem Fleisch und der Sauce auf Tellern anrichten. Die Bröselbutter über die Porreestücke geben.

Rehkeulenbraten aus dem Römertopf®

Dauert länger
4 Portionen

Pro Portion:
E: 61 g, F: 21 g, Kh: 35 g, kJ: 2541, kcal: 606

900 g	Rehkeule oder -schulter ohne Knochen
	Salz, frisch gemahlener Pfeffer
1	kleiner Lorbeerzweig
einige	Wacholderbeeren
4 große	
Scheiben	Parmaschinken (etwa 100 g)
2 EL	Rapsöl
2	Äpfel (etwa 400 g), z. B. Boskop
100 g	frische Johannisbeeren oder
	80 g Johannisbeerkonfitüre
500 g	festkochende Kartoffeln
60 g	gestiftelte Mandeln
300 ml	Fleischbrühe oder Wildfond

Außerdem:

Küchengarn

Zubereitungszeit: 30 Minuten
Garzeit: etwa 2 ½ Stunden

1. Das Rehfleisch unter fließendem kalten Wasser abspülen, trocken tupfen, evtl. enthäuten, mit Salz und Pfeffer würzen. Lorbeerzweig abspülen und trocken tupfen. Wacholderbeeren zerdrücken. Lorbeerzweig und Wacholderbeeren auf dem Fleisch verteilen. Das Fleisch aufrollen und den Parmaschinken darumlegen (umhüllen). Das Ganze mit Küchengarn zu einem Rollbraten zusammenbinden.

2. Rapsöl in einer Pfanne erhitzen. Den Rollbraten darin von allen Seiten anbraten.

3. Äpfel abspülen, abtrocknen, vierteln und entkernen. Apfelviertel nochmals quer halbieren. Johannisbeeren abspülen, abtropfen lassen und entstielen. Kartoffeln schälen, abspülen, abtropfen lassen und in grobe Würfel schneiden.

4. Apfelstücke, Johannisbeeren oder -konfitüre und Kartoffelwürfel in einer Schüssel mischen. Mandeln hinzufügen, mit Salz und Pfeffer würzen. Die Hälfte der Kartoffel-Apfel-Mischung in einen gewässerten Römertopf® (3-Liter-Inhalt) geben, dabei die Herstelleranleitung beachten. Den Rollbraten darauflegen und die restliche Kartoffel-Apfel-Mischung darauf verteilen. Brühe oder Fond hinzugießen.

5. Den Römertopf® mit dem Deckel verschließen und auf dem Rost im unteren Drittcl in den kalten Backofen schieben.
Ober-/Unterhitze: etwa 220 °C
Heißluft: etwa 200 °C
Den Rehbraten etwa 2 ½ Stunden garen.

6. Das Küchengarn vom Rollbraten entfernen. Den Braten in Scheiben schneiden, mit der Kartoffel-Apfel-Mischung auf Tellern anrichten.

Rehmedaillons mit Brombeersauce

Schnell
4 Portionen

Pro Portion:
E: 34 g, F: 9 g, Kh: 9 g, kJ: 1094, kcal: 262

Für die Brombeersauce:

300 g	Brombeeren
1	Bio-Orange (unbehandelt, ungewachst)
1 EL	Zucker
½ TL	Senfpulver
	gemahlener Piment
	Salz
	frisch gemahlener Pfeffer
8	Rehmedaillons (je etwa 70 g)
8 dünne Scheiben	Speck
30 g	Butterschmalz

Außerdem:

Küchengarn

Zubereitungszeit: 25 Minuten

1. Für die Brombeersauce die Brombeeren verlesen, abspülen und gut abtropfen lassen. Etwa 50 g Brombeeren zum Garnieren beiseitelegen.

2. Restliche Brombeeren in Wasser kurz erhitzen und durch ein feines Sieb streichen. Die Orange heiß abwaschen, abtrocknen und etwas Orangenschale (etwa von einem Viertel der Orange) abreiben. Von dem anderen Orangenviertel einige Orangenzesten abziehen und zum Garnieren beiseitelegen. Orange halbieren und den Saft auspressen, evtl. mit Wasser auf 100 ml ergänzen.

3. Unter das Brombeermus Orangensaft mit Zucker, Senfpulver, Orangenschale und Piment rühren. Die Brombeersauce erwärmen, aber nicht kochen lassen. Sauce mit Salz und Pfeffer abschmecken und warm stellen.

4. Rehmedaillons mit Küchenpapier trocken tupfen. Jedes Medaillon mit 1 Speckscheibe umwickeln und mit Küchengarn zusammenbinden. Das Fleisch mit Salz und Pfeffer bestreuen.

5. Butterschmalz in einer Pfanne erhitzen und die Medaillons darin von jeder Seite etwa 2 Minuten braten. Das Küchengarn entfernen.

6. Die Medaillons mit den beiseitegelegten Brombeeren und Orangenzesten garnieren. Dazu die Brombeersauce reichen.

Beilage: Rösti oder Kroketten.

Tipp: Das Ganze nach Belieben mit rosa Pfefferbeeren garnieren.

Rehmedaillons mit Mango-Ananas-Scheiben

Mit Alkohol

4 Portionen

Pro Portion:

E: 41 g, F: 19 g, Kh: 33 g, kJ: 2067, kcal: 494

etwa 700 g	Rehrücken ohne Knochen
1 Bund	Frühlingszwiebeln
1	Mango
1	frische Ananas
5 EL	Speiseöl, z. B. Rapsöl
	Salz, frisch gemahlener Pfeffer
40 ml	Grand Marnier (Orangenlikör)

Zubereitungszeit: 40 Minuten

1. Rehrücken unter fließendem kalten Wasser abspülen, trocken tupfen, evtl. enthäuten und in 8 gleich große Medaillons schneiden.

2. Die Frühlingszwiebeln putzen, abspülen, abtropfen lassen und in etwa 3 cm große Stücke schneiden. Mango halbieren und den Stein herausschneiden. Die Mango schälen. Vom Mangofruchtfleisch 8 etwa 1 cm dicke Scheiben abschneiden.

3. Von der Ananas Schopf mit Stielansatz und dem oberen Stück Schale abschneiden. Die Schale ab-

schneiden und die Frucht längs halbieren. Den harten inneren Strunk herausschneiden und aus dem Fruchtfleisch ebenfalls 8 etwa 1 cm dicke Scheiben schneiden.

4. Etwa die Hälfte des Speiseöls in einer Pfanne erhitzen. Die Rehmedaillons darin unter gelegentlichem Wenden 8–10 Minuten braten, mit Salz und Pfeffer bestreuen und zugedeckt warm stellen. Restliches Speiseöl in der Pfanne erhitzen. Die Ananas- und Mangoscheiben kurz darin anbraten.

5. Frühlingszwiebeln in die Pfanne geben und ebenfalls anbraten. Grand Marnier unterrühren.

6. Die Rehmedaillons mit Obstscheiben und Frühlingszwiebeln servieren.

Beilage: Kroketten oder Toastbrot.

Tipp: Verarbeiten Sie das restliche Obst zu einem Obstsalat.

Abwandlung: Für **Rehmedaillons mit Melonen- und Birnenspalten** ½ Ogenmelone oder Honigmelone schälen. Aus der Melonenhälfte die Kerne mit einem Löffel herausnehmen. 1 kleine Birne, z.B. Williams Christ, schälen, halbieren und entkernen. Melone und Birne in feine Spalten schneiden, mit den gebratenen Rehmedaillons servieren.

Rehmedaillons mit Preiselbeerbirnen

Mit Alkohol
2 Portionen

Pro Portion:
E: 41 g, F: 25 g, Kh: 13 g, kJ: 1917, kcal: 457

1	*Williams-Birne*
100 ml	*lieblicher Weißwein*
	Saft von
½	*Zitrone*
4	*Rehmedaillons*
	(je 80–100 g)
	Salz
	grob gemahlener, bunter
	Pfeffer
2 EL	*Speiseöl,*
	z. B. Rapsöl
200 ml	*Wildfond*
1 Zweig	*Rosmarin*
2 EL	*Sherry*
200 g	*Pfifferlinge*
30 g	*Butter*
2 gestr. EL	*Wildpreiselbeeren*
	(aus dem Glas)

Zubereitungszeit: 35 Minuten

1. Birne abspülen, abtropfen lassen, halbieren, schälen und das Kerngehäuse herausschneiden. Weißwein mit Zitronensaft in einem Topf zum Kochen bringen und die Birnenhälften darin etwa 10 Minuten dünsten.

2. Rehmedaillons mit Küchenpapier trocken tupfen, mit Salz und Pfeffer bestreuen. Öl in einer Pfanne erhitzen. Die Medaillons darin von jeder Seite etwa 5 Minuten braten. Dann die Rehmedaillons aus der Pfanne nehmen und zugedeckt warm stellen.

3. Wildfond in die Pfanne gießen und zum Kochen bringen. Rosmarin abspülen und trocken tupfen. Nadeln von den Stängeln zupfen.

4. Sherry und Rosmarinnadeln in den Wildfond einrühren. Die Sauce etwa um die Hälfte einkochen lassen, mit Salz und Pfeffer würzen.

5. Pfifferlinge putzen, evtl. mithilfe eines Pinsel säubern. Die Pfifferlinge evtl. abspülen und gut abtropfen lassen. Butter in einer Pfanne zerlassen. Die Pilze darin unter gelegentlichem Rühren etwa 5 Minuten braten, mit Salz und Pfeffer abschmecken.

6. Birnenhälften in einem Sieb abtropfen lassen und mit den Wildpreiselbeeren füllen. Rehmedaillons mit Pfifferlingen, Sauce und Preiselbeerbirnen servieren.

Beilage: Spätzle.

Tipp: Die Rehmedaillons vor dem Braten mit durchwachsenen Speckscheiben (siehe Vorwortfoto S. 5) umwickeln.

Rehnüsschen, mariniertes

Mit Alkohol – schnell

4 Portionen

Pro Portion:
E: 45 g, F: 31 g, Kh: 7 g, kJ: 2208, kcal: 529

> 800 g *Rehnüsschen (Keule)*

Für die Marinade:

1 Zweig	*Rosmarin*
200 ml	*Rotwein*
75 g	*TK-Suppengrün*
1 TL	*zerdrückte Wacholderbeeren*
2 EL	*Speiseöl, z. B. Olivenöl*
200 ml	*Wildfond*
200 g	*Schlagsahne*
2 EL	*Crème fraîche*
	Salz
	frisch gemahlener Pfeffer

Zubereitungszeit: 30 Minuten, ohne Marinierzeit

1. Rehnüsschen mit Küchenpapier trocken tupfen, evtl. enthäuten. Aus dem Rehnüsschen 8 Steaks schneiden.

2. Für die Marinade Rosmarin abspülen und trocken tupfen. Den Rotwein mit Suppengrün, Rosmarin und Wacholderbeeren in einer flachen Schale verrühren. Die Rehsteaks hineinlegen und zugedeckt über Nacht im Kühlschrank durchziehen lassen.

3. Die Steaks aus der Marinade nehmen und trocken tupfen.

4. Speiseöl in einer Pfanne erhitzen. Die Rehsteaks darin kurz anbraten, dann zugedeckt etwa 15 Minuten garen, dabei nach und nach etwas von der Marinade hinzugeben. Die Steaks herausnehmen und zugedeckt warm stellen.

5. Den Bratensatz mit der restlichen Marinade (mit dem Gemüse) und dem Fond ablöschen, zum Kochen bringen und etwa auf ein Drittel einkochen lassen.

6. Sahne unterrühren, wieder zum Kochen bringen und die Sauce sämig einkochen lassen. Die Sauce durch ein Sieb streichen. Crème fraîche unterrühren. Die Sauce nochmals kurz aufkochen, mit Salz und Pfeffer abschmecken.

7. Die marinierten Rehnüsschen auf einer vorgewärmten Platte anrichten. Die Sauce darauf verteilen.

Beilage: Feldsalat mit Rotwein-Vinaigrette mit roten Zwiebelwürfeln und Walnusskernen sowie geröstetes Rosmarin-Baguette.

Rehragout

Mit Alkohol
4–6 Portionen

Pro Portion:
E: 39 g, F: 24 g, Kh: 8 g, kJ: 1814, kcal: 433

100 g	Zwiebeln
800 g	Rehfleisch aus der Schulter
2 Stängel	Rosmarin
4 Stängel	Thymian
5 EL	Olivenöl
1 EL	Tomatenmark
2 EL	Weizenmehl
	Salz
	frisch gemahlener Pfeffer
250 ml (¹/₄ l)	Rotwein
500 ml (¹/₂ l)	Geflügelbrühe
3	Lorbeerblätter
2	Möhren
200 g	Staudensellerie
200 g	Champignons
2 EL	Butterschmalz
einige Stängel	glatte Petersilie

Zubereitungszeit: 35 Minuten
Garzeit: etwa 2 Stunden

1. Zwiebeln abziehen, klein würfeln. Rehfleisch trocken tupfen, evtl. enthäuten und in etwa 2 cm große Würfel schneiden. Kräuter abspülen und trocken tupfen.

2. Den Backofen vorheizen.
Ober-/Unterhitze: etwa 160 °C
Heißluft: etwa 140 °C

3. Olivenöl in einem Bräter erhitzen. Die Fleischwürfel darin von allen Seiten gut anbraten. Zwiebeln hinzufügen und mit andünsten. Tomatenmark unterrühren. Fleischwürfel mit Mehl bestäuben, umrühren und mit Salz und Pfeffer würzen.

4. Wein und Geflügelbrühe hinzugießen und aufkochen lassen. Lorbeerblätter, Rosmarin und Thymian hinzufügen. Den Bräter zugedeckt auf dem Rost in den vorgeheizten Backofen schieben. Das Ragout etwa 1 ¹/₂ Stunden garen.

5. Möhren schälen, abspülen, abtropfen lassen und in kleine Würfel schneiden. Sellerie putzen und die harten Außenfäden abziehen. Sellerie abspülen, abtropfen lassen und in kleine Stücke schneiden. Möhrenwürfel und Selleriestücke zu den Fleischwürfeln geben und weitere etwa 30 Minuten garen. Evtl. etwas Wasser hinzugeben.

6. Champignons putzen, mit Küchenpapier abreiben, evtl. abspülen, abtropfen lassen und vierteln. Butterschmalz in einer Pfanne erhitzen. Champignonviertel darin anbraten, mit Salz und Pfeffer würzen.

7. Champignons in einen Topf geben. Die Fleischwürfel und das Gemüse mit einer Schaumkelle aus dem Bräter nehmen, zu den Champignons geben.

8. Den Bratenfond zum Kochen bringen und um etwa ein Drittel einkochen lassen. Anschließend durch ein Sieb auf das Ragout gießen. Petersilie abspülen, trocken tupfen. Die Blättchen von den Stängeln zupfen. Rehragout auf vorgewärmten Tellern anrichten, mit Petersilie bestreuen.

Beilage: Kartoffelklöße mit gebräunten Semmelbröseln und Preiselbeerkompott.

Rehrollbraten

Raffiniert
4 Portionen

Pro Portion:
E: 58 g, F: 26 g, Kh: 3 g, kJ: 1984, kcal: 475

1	*Rehkeule ohne Knochen (etwa 900 g)*
1 Stange	*Porree (Lauch)*
	Salz, frisch gemahlener Pfeffer
220 g	*Thüringer Mett*
4 EL	*Olivenöl*
400 ml	*heiße Fleischbrühe*
1 EL	*Tomatenmark*
1 TL	*Speisestärke*
1 EL	*kaltes Wasser*
1–2 EL	*Crème fraîche*

Außerdem:

Küchengarn

Zubereitungszeit: 30 Minuten
Garzeit: etwa 90 Minuten

1. Die Rehkeule unter fließendem kalten Wasser abspülen, mit Küchenpapier trocken tupfen und entsehnen bzw. enthäuten. Evtl. die Rehkeule ein wenig aufschneiden, sodass eine größere Fläche für die Füllung entsteht.

2. Den Backofen vorheizen.
Ober-/Unterhitze: etwa 200 °C
Heißluft: etwa 180 °C

3. Porree putzen. Die Stange längs halbieren, gründlich abspülen, abtropfen lassen und in größere Stücke schneiden.

4. Die Rehkeule mit Salz und Pfeffer bestreuen, mit Mett bestreichen und 2–3 Porreestücke mittig darauflegen. Das Fleisch aufrollen und mit Küchengarn fest zusammenbinden.

5. Den Rollbraten auch von außen mit Salz und Pfeffer würzen. Olivenöl in einem Bräter erhitzen. Rollbraten darin von allen Seiten gut anbraten. Den Bräter zugedeckt auf dem Rost in den vorgeheizten Backofen schieben. Den Braten etwa 90 Minuten garen.

6. Nach etwa 30 Minuten Garzeit die Fleischbrühe in den Bräter gießen. Tomatenmark und die restlichen Porreestücke hinzufügen.

7. Den Rehrollbraten aus dem Backofen nehmen und zugedeckt warm stellen. Die Sauce durch ein Sieb gießen und in einem Topf zum Kochen bringen. Speisestärke mit Wasser anrühren, in die Sauce einrühren und aufkochen lassen. Crème fraîche unterrühren. Die Sauce mit Salz und Pfeffer abschmecken.

8. Den Rehrollbraten in Scheiben schneiden. Küchengarn entfernen. Rehbraten mit der Sauce servieren.

Beilage: Brokkoli und Spätzle.

Rehschäufele in beschwipster Wacholdersauce

Mit Alkohol – dauert länger
4 Portionen

Pro Portion:
E: 59 g, F: 20 g, Kh: 16 g, kJ: 2241, kcal: 535

1	*Rehschulter mit Knochen (etwa 1 ¼ kg)*
1 Bund	*Suppengrün (Möhre, Sellerie, Porree)*
500 g	*Tomaten*
	Salz
	frisch gemahlener Pfeffer
3 EL	*Speiseöl, z. B. Rapsöl*
30 g	*Weizenmehl*
300 ml	*trockener Rotwein*
1	*Knoblauchzehe*
2	*Lorbeerblätter*
5	*Gewürznelken*
10	*Pfefferkörner*
1 TL	*gerebelter Thymian*
1 TL	*getrocknete Rosmarinnadeln*
400 ml	*Wildfond oder Brühe*
1–2 EL	*Crème fraîche*
2 EL	*Doppelwacholder*
1 Prise	*Zucker*

Zubereitungszeit: 40 Minuten
Garzeit: 1 ½–2 Stunden

1. Die Rehschulter unter fließendem kalten Wasser abspülen, trocken tupfen und enthäuten.

2. Das Suppengrün putzen. Dazu Möhre und Sellerie schälen, abspülen, abtropfen lassen und in Würfel schneiden. Porreestange längs halbieren, gründlich abspülen, abtropfen lassen und danach in Stücke schneiden.

3. Die Tomaten kreuzweise einschneiden und mit kochendem Wasser übergießen. Anschließend mit kaltem Wasser abschrecken, enthäuten, halbieren und die Stängelansätze herausschneiden. Tomaten in kleine Stücke schneiden.

4. Die Schulter mit Salz und Pfeffer würzen. Speiseöl in einem Bräter erhitzen. Die Schulter darin gut anbraten, Gemüse- und Tomatenwürfel kurz mitbraten. Das Ganze mit Mehl bestäuben, bräunen lassen und mit etwas Rotwein ablöschen.

5. Knoblauch abziehen und durch eine Knoblauchpresse dazudrücken. Lorbeerblätter, Nelken, Pfefferkörner, Thymian und Rosmarin hinzugeben.

6. Das Ganze zugedeckt 1 ½–2 Stunden bei mittlerer Hitze schmoren lassen. Nach und nach die verdampfte Flüssigkeit durch den restlichen Rotwein und den Wildfond oder die Brühe ersetzen.

7. Die Schulter aus der Sauce nehmen. Die Sauce nach Belieben durch ein Sieb gießen, dabei das Gemüse passieren. Die Sauce nochmals kurz aufkochen lassen, Crème fraîche und Wacholder unterrühren. Die Wacholdersauce mit Salz, Pfeffer und Zucker abschmecken.

Beilage: Spätzle, Semmel- oder Kartoffelklöße.

Rehsteaks mit Pfeffersauce

Einfach

4 Portionen

Pro Portion:
E: 42 g, F: 33 g, Kh: 9 g, kJ: 2127, kcal: 508

Für den Rosenkohl:

2 l	Wasser
1 kg	Rosenkohl
2 TL	Salz

4	Rehsteaks aus der Keule (je etwa 150 g)
30 g	Butter
	Salz
	frisch gemahlener Pfeffer

200 ml	Wildfond
200 g	Schlagsahne
1–2 EL	grüne Pfefferkörner

40 g	Butter
	frisch geriebene Muskatnuss

Zubereitungszeit: 40 Minuten

1. Für den Rosenkohl Wasser in einem Topf zum Kochen bringen. Rosenkohl von den schlechten äu-ßeren Blättchen befreien und etwas von dem Strunk abscheiden. Rosenkohl abspülen, abtropfen lassen und nach Belieben halbieren.

2. Den Rosenkohl und Salz in das kochende Wasser geben und zum Kochen bringen. Bei schwacher Hitze 10–15 Minuten zugedeckt garen.

3. In der Zwischenzeit die Rehsteaks mit Küchenpapier trocken tupfen. Butter in einer Pfanne zerlassen. Die Rehsteaks darin von jeder Seite etwa 5 Minuten braten, mit Salz und Pfeffer würzen. Die Steaks aus der Pfanne nehmen und zugedeckt warm stellen.

4. Für die Sauce Wildfond und Sahne in die Pfanne gießen und den Bratensatz loskochen. Pfefferkörner etwas zerdrücken und einrühren. Die Sauce etwas einkochen lassen, dann mit Salz und Pfeffer abschmecken.

5. Rosenkohl in einem Sieb abtropfen lassen. Butter zerlassen. Den Rosenkohl darin schwenken. Rosenkohl mit Salz, Muskat und Pfeffer würzen, mit den Steaks und der Sauce servieren.

Beilage: Kartoffelbällchen oder Kroketten.

Tipp: Nach Belieben den Rosenkohl mit gerösteten Mandelblättchen bestreuen.

Rentiermedaillons mit Gurkengemüse

Etwas teurer

4 Portionen

Pro Portion:
E: 46 g, F: 29 g, Kh: 39 g, kJ: 2691, kcal: 647

500 g	neue, kleine Kartoffeln
800 g	Rentierrückenfilet
	Salz
	frisch gemahlener Pfeffer
2 EL	Olivenöl
130 g	Johannisbeergelee
2 EL	mittelscharfer Senf
100 ml	Fleischbrühe
1	Bio-Zitrone
	(unbehandelt, ungewachst)

Für das Gurkengemüse:

1	große Schmorgurke
1	Zwiebel
20 g	Butter
1 EL	mittelscharfer Senf
100 g	Schlagsahne
2 EL	Olivenöl
3 TL	gehackte Rosmarinnadeln

Zubereitungszeit: 45 Minuten

1. Kartoffeln waschen, in einem Topf mit Wasser bedeckt zum Kochen bringen. Etwa 15 Minuten kochen lassen, dann abgießen und abkühlen lassen.

2. Rentierrückenfilet mit Küchenpapier trocken tupfen und evtl. enthäuten. Das Filet in 8 je etwa 1 cm dicke Medaillons schneiden, mit Salz und Pfeffer bestreuen. Öl in einer Pfanne erhitzen. Medaillons darin von jeder Seite etwa 2 Minuten anbraten.

3. Gelee mit Senf und Brühe verrühren, zu den Medaillons in die Pfanne gießen. Die Medaillons noch etwa 2 Minuten darin köcheln lassen, dann aus der Pfanne nehmen und zugedeckt warm stellen. Zitrone heiß abwaschen, abtrocknen, halbieren und 4 Scheiben abschneiden. Zitronenscheiben in die Pfanne geben, die Sauce sirupartig einkochen lassen.

4. Für das Gurkengemüse die Gurke schälen und die Enden abschneiden. Die Gurke längs halbieren, entkernen und in etwa 1 cm breite Scheiben schneiden.

5. Zwiebel abziehen und fein würfeln. Butter in einer Pfanne zerlassen. Die Zwiebelwürfel darin andünsten. Gurkenstücke ebenfalls in die Pfanne geben. Senf und Sahne unterrühren. Gurkengemüse etwa 3 Minuten köcheln lassen, mit Salz und Pfeffer abschmecken.

6. Olivenöl in eine Pfanne erhitzen. Die Kartoffeln halbieren, in die Pfanne geben und mit Salz, Pfeffer und 2 Teelöffeln Rosmarin bestreut, unter gelegentlichem Rühren, etwa 5 Minuten braten lassen.

7. Die Rentiermedaillons mit dem restlichen Rosmarin bestreuen und mit Zitronenscheiben, Gurkengemüse, Rosmarinkartoffeln und Sauce servieren.

Tipp: Rentier kann in der Regel wie Lamm zubereitet werden.

Salat vom Hirschbraten

Schnell
4 Portionen

Pro Portion:
E: 37 g, F: 23 g, Kh: 14 g, kJ: 2052, kcal: 490

500 g	*gegarter Hirschbraten*
1 Dose	*Mandarinen*
	(Abtropfgewicht 175 g)

Für das Dressing:

120 g	*Mayonnaise*
1 EL	*Crème fraîche*
1 EL	*Honig, z. B. Lindenblütenhonig*
1 TL	*gehackte Thymianblättchen*
1 TL	*gehackte Rosmarinnadeln*
	Salz, frisch gemahlener Pfeffer

etwa 8	*große Salatblätter,*
	z. B. Lollo bionda

Zubereitungszeit: 20 Minuten

1. Den Hirschbraten in kleine Würfel schneiden. Die Mandarinen in einem Sieb abtropfen lassen.

2. Für das Dressing Mayonnaise mit Crème fraîche und Honig verrühren. Thymian und Rosmarin unterrühren. Anschließend das Dressing mit Salz und Pfeffer abschmecken.

3. Salatblätter abspülen, gut abtropfen lassen und je 2 Blätter auf 4 Teller legen.

4. Die Hirschbratenwürfel darauf verteilen. Das Dressing daraufträufeln und den Salat mit den Mandarinen garnieren.

Beilage: Baguette.

Tipp: Für den Salat lassen sich wunderbar auch Bratenreste von anderen Wildbraten verwenden.

Sauerbraten von der Hirschkeule

Mit Alkohol
4 Portionen

Pro Portion:
E: 47 g, F: 17 g, Kh: 7 g, kJ: 1773, kcal: 423

900 g	Hirschkeule ohne Knochen
2	Möhren
120 g	Knollensellerie
50 g	Ingwer
2	Zwiebeln

Für die Marinade:

250 ml (¼ l)	Rotweinessig
300 ml	trockener Rotwein
1 TL	gemahlener Koriander
1	Sternanis
5	Gewürznelken
2	Lorbeerblätter
1 TL	Pfefferkörner
1 gestr. EL	Zucker
1 gestr. EL	Salz
4 EL	Speiseöl, z. B. Rapsöl
1 EL	Tomatenmark
2 TL	Speisestärke
2 EL	kaltes Wasser

Zubereitungszeit: 25 Minuten, ohne Marinierzeit
Garzeit: etwa 80 Minuten

1. Hirschkeule unter fließendem kalten Wasser trocken tupfen, evtl. enthäuten und in eine Schüssel legen.

2. Möhren putzen. Möhren, Sellerie und Ingwer schälen, abspülen und abtropfen lassen. Zwiebeln abziehen. Gemüse in Würfel schneiden und zum Fleisch in die Schüssel geben.

3. Für die Marinade Rotweinessig mit Rotwein verrühren. Koriander, Sternanis, Nelken, Lorbeerblätter, Pfefferkörner, Zucker und Salz unterrühren. Das Fleisch mit der Marinade begießen und zugedeckt 3 Tage marinieren. Dabei das Fleisch in den Kühlschrank stellen und einige Male wenden.

4. Das Fleisch aus der Marinade nehmen und trocken tupfen. Speiseöl in einem Bräter erhitzen. Die Hirschkeule darin von allen Seiten gut anbraten. Tomatenmark hinzufügen.

5. Marinade mit dem Gemüse hinzugießen und das Ganze zum Kochen bringen. Die Hirschkeule zugedeckt etwa 80 Minuten garen.

6. Die Hirschkeule aus dem Bräter nehmen und zugedeckt warm stellen. Die Sauce durch ein Sieb gießen, nach Belieben auch das Gemüse durchpassieren, wieder in den Bräter füllen und zum Kochen bringen. Speisestärke mit Wasser anrühren und in die Sauce einrühren. Die Sauce nochmals aufkochen lassen, mit Salz und Pfeffer abschmecken.

7. Das Fleisch in Scheiben schneiden und mit der Sauce servieren.

Beilage: Rotkohl und Klöße.

Springbock-Curry

Gut vorzubereiten

4 Portionen

Pro Portion:
E: 43 g, F: 18 g, Kh: 9 g, kJ: 1531, kcal: 365

800 g	Springbockkeule ohne Knochen
4 EL	Olivenöl
200 g	Zwiebeln
2	Knoblauchzehen
2 EL	Currypulver
100 ml	Fleischbrühe
400 ml	ungesüßte Kokosmilch
350 g	Möhren
evtl.	Salz

Zubereitungszeit: 30 Minuten
Garzeit: etwa 2 Stunden

1. Springbockkeule unter fließendem kalten Wasser abspülen, mit Küchenpapier trocken tupfen, evtl. enthäuten und in etwa 2 cm große Würfel schneiden.

2. Öl in einem Topf erhitzen. Die Fleischwürfel unter Rühren darin anbraten. Die Zwiebeln und Knoblauch abziehen, fein würfeln, dazugeben, kurz mitbraten.

3. Das Fleisch mit Currypulver bestäuben und unterrühren. Fleischbrühe und Kokosmilch hinzugießen, zum Kochen bringen. Den Fleischtopf zugedeckt etwa 2 Stunden köcheln lassen, gelegentlich umrühren.

4. Möhren putzen, schälen, abspülen, abtropfen lassen und in etwa 2 cm große Stücke schneiden. Nach etwa 1 Stunde Garzeit die Möhrenstücke ebenfalls in den Topf geben und mitgaren. Nach der Garzeit das Curry evtl. mit Salz abschmecken.

Beilage: Basmati-Reis.

Springbockkeule, geschmorte
Dauert länger
4–5 Portionen

Pro Portion:
E: 59 g, F: 26 g, Kh: 12 g, kJ: 2186, kcal: 522

etwa 1,2 kg	Springbockkeule ohne Knochen
	Salz
	frisch gemahlener Pfeffer
5 EL	Speiseöl, z. B. Rapsöl
2 EL	Tandori Masala
	(Gewürzmischung)
1 EL	brauner Zucker
250 ml (¼ l)	heiße Fleischbrühe
350 g	Möhren
250 g	Knollensellerie
250 g	Zwiebeln
250 g	saure Sahne

Zubereitungszeit: 30 Minuten
Garzeit: etwa 2 Stunden

1. Springbockkeule unter fließendem kalten Wasser abspülen, trocken tupfen, evtl. enthäuten, mit Salz und Pfeffer bestreuen. Speiseöl in einem Bräter erhitzen. Das Fleisch darin von allen Seiten anbraten.

2. Die Springbockkeule mit Tandori Masala und braunem Zucker bestreuen und nochmals kurz braten. Die Fleischbrühe hinzugießen und anschließend zugedeckt etwa 2 Stunden schmoren lassen, das Fleisch gelegentlich wenden.

3. Möhren putzen. Möhren und Sellerie schälen, abspülen und abtropfen lassen. Zwiebeln abziehen. Das Gemüse in etwa 2 cm große Würfel schneiden, nach etwa 1 ½ Stunden Garzeit zum Fleisch in den Bräter geben und mitschmoren.

4. Die Springbockkeule aus dem Bräter nehmen und zugedeckt warm stellen. Sauce durch ein Sieb gießen. Saure Sahne unterrühren. Die Sauce mit Salz und Pfeffer abschmecken.

5. Die Springbockkeule in Scheiben schneiden und mit dem Gemüse und der Sauce servieren.

Straußenfilet in Wacholdersahne mit Schwarzwurzelgemüse

Dauert länger – für Gäste
10 Portionen

Pro Portion:
E: 59 g, F: 23 g, Kh: 7 g, kJ: 2062, kcal: 492

2 ½ kg	Straußenfilet
250 g	Zwiebeln
2 TL	Wacholderbeeren
2 TL	Pimentkörner
5 EL	Speiseöl, z. B. Rapsöl
	Salz
	frisch gemahlener Pfeffer
1 EL	Tomatenmark
1	Lorbeerblatt
500 ml (½ l)	Hühnerbrühe

Für das Schwarzwurzelgemüse:

2 ½ kg	Schwarzwurzeln
	Essigwasser
	(4 EL Essig in 1 l Wasser)
250 g	Schlagsahne
200 ml	Gemüsebrühe
	Saft von
1	Limette
2 EL	Dijonsenf
etwas	frisch geriebene Muskatnuss
1 Bund	Petersilie

200 g	Schlagsahne
1 EL	Weizenmehl

Zubereitungszeit: 60 Minuten
Garzeit: etwa 3 Stunden

1. Den Backofen bei Ober-/Unterhitze auf 95 °C vorheizen. Straußenfilet unter fließendem kalten Wasser abspülen und trocken tupfen. Die Zwiebeln abziehen und in kleine Würfel schneiden. Die Wacholderbeeren und das Piment in einem Mörser fein zerstoßen oder zerdrücken.

2. Das Öl in einem Bräter erhitzen. Das Straußenfilet mit Salz und Pfeffer würzen und darin von allen Seiten etwa 10 Minuten anbraten. Dann etwa zwei Drittel der Zwiebelwürfel mit anbraten. Tomatenmark unterrühren. Piment, Wacholderbeeren und Lorbeerblatt hinzufügen. Hühnerbrühe hinzugießen und kurz aufkochen lassen.

3. Den Bräter auf dem Rost im unteren Drittel in den vorgeheizten Backofen schieben und das Filet etwa 3 Stunden garen, dabei 2–3-mal wenden.

4. Etwa 45 Minuten vor dem Ende der Garzeit das Schwarzwurzelgemüse zubereiten. Dazu die Schwarzwurzeln unter fließendem Wasser gründlich abbürsten, abtropfen lassen, schälen, nochmals abspülen und abtropfen lassen. Die Schwarzwurzeln kurz in Essigwasser legen, damit die Stangen weiß bleiben. Dann die Stangen abtropfen lassen und in etwa 3 cm lange Stücke schneiden.

5. Die Sahne und die Gemüsebrühe mit den restlichen Zwiebelwürfeln, Limettensaft und Senf unter gelegentlichem Rühren zum Kochen bringen. Schwarzwurzelstücke hinzufügen und darin zugedeckt bei schwacher Hitze 12–15 Minuten gar kochen. Dabei gelegentlich umrühren. Das Schwarzwurzelgemüse mit Muskatnuss abschmecken. Die Petersilie abspülen, trocken tupfen und die Blättchen von den Stängeln zupfen. Die Blättchen fein hacken und unter das Gemüse rühren.

6. Das Filet aus dem Bräter nehmen und zugedeckt warm stellen.

7. Die Sauce durch ein Sieb in einen Topf gießen. Die Sahne in die Sauce einrühren und kurz aufkochen lassen. Das Mehl in etwas kaltem Wasser anrühren, in die Sauce einrühren und nochmals kurz aufkochen lassen. Die Sauce etwa 5 Minuten köcheln lassen, dann mit Salz und Pfeffer abschmecken.

8. Das Straußenfilet in Scheiben schneiden, mit Sauce und Schwarzwurzelgemüse servieren.

Beilage: Kräuterspätzle.

Tipps: Das Straußenfilet mit rosa Pfefferbeeren, Wacholderbeeren und Lorbeerblättern garniert servieren. Hinweise zum Niedertemperaturgaren finden Sie im Ratgeberteil auf S. 157.

Straußensteaks mit Feigen-Sahne-Sauce

Mit Alkohol

4 Portionen

Pro Portion:

E: 51 g, F: 25 g, Kh: 25 g, kJ: 2329, kcal: 557

500 g	Petersilienwurzel
350 g	mehligkochende Kartoffeln
1 TL	Salz
4	Straußensteaks (je etwa 200 g)
	Salz
	frisch gemahlener Pfeffer
3 EL	Rapsöl
2	Schalotten
4	Feigen
30 g	gewürfelter Knochenschinken
80 ml	Wildfond
80 g	Schlagsahne
50 ml	trockener Madeira (Likörwein)
30 g	Butter
	frisch geriebene Muskatnuss

Zubereitungszeit: 40 Minuten

1. Petersilienwurzeln putzen. Die Kartoffeln und Petersilienwurzeln schälen, abspülen, abtropfen lassen und in etwa 1 cm große Würfel schneiden. Kartoffel- und Petersilienwurzelwürfel in einen Topf geben und so viel Wasser hinzufügen, dass die Kartoffel- und Petersilienwurzelwürfel knapp bedeckt sind. Das Ganze zugedeckt zum Kochen bringen. Salz hinzugeben. Die Kartoffel- und Petersilienwurzelwürfel zugedeckt etwa 20 Minuten kochen.

2. In der Zwischenzeit den Backofen bei Ober-/Unterhitze auf etwa 100 °C vorheizen. Einen großen, feuerfesten Teller auf mittlerer Einschubleiste auf dem Rost miterwärmen.

3. Die Straußensteaks unter fließendem kalten Wasser abspülen, trocken tupfen, mit Salz und Pfeffer würzen. Rapsöl in einer Pfanne erhitzen. Die Steaks darin von jeder Seite etwa 4 Minuten braten. Dann die Steaks aus der Pfanne nehmen und auf dem vorgewärmten Teller zum Warmhalten in den Backofen schieben. Die Pfanne beiseitestellen.

4. Schalotten abziehen und fein würfeln. Feigen abspülen, trocken tupfen und das Stielende abschneiden. Feigen vierteln.

5. Die beiseitegestellte Pfanne mit dem Bratensatz erwärmen. Die Schalottenwürfel mit den Schinkenwürfeln darin anbraten. Wildfond, Sahne und Madeira hinzugießen und den Bratensatz loskochen. Die Sauce etwas einkochen lassen, dann die Feigen hinzugeben.

6. Etwa die Hälfte des Kochwassers der Kartoffel-Petersilienwurzel-Würfel abgießen. Die Kartoffel-Petersilienwurzel-Würfel mit einem Stampfer oder in einer Kartoffelpresse zerdrücken. Butter unterrühren. Püree mit Salz und Muskat abschmecken.

7. Die Straußensteaks mit der Feigen-Sahne-Sauce und dem Püree servieren.

Tipp: Die Straußensteaks mit Kartoffelpüree zusätzlich mit Petersilienblättchen garniert servieren.

Rezeptvariante: Für **Straußensteaks mit Pfeffersauce und Polenta** die Straußensteaks wie im Rezept beschrieben zubereiten. Für die Sauce 100 ml Madeira (Likörwein), 200 g Schlagsahne und 2 Esslöffel grüne Pfefferkörner in den Bratensatz der beiseitegesellten Pfanne rühren, unter Rühren zum Kochen bringen und etwas einkochen lassen. Für die Polenta 400 ml Milch in einem Topf unter Rühren zum Kochen bringen und 150 g Hartweizengrieß mit einem Schneebesen einrühren, unter Rühren etwa 1 Minute kochen lassen. Topf von der Kochstelle nehmen. 2 Eigelb (Größe M) und 80 g geraspelter Mozzarella unter die Grießmasse arbeiten, mit Salz und Muskat würzen. Eine flache Auflaufform (etwa 15 x 20 cm) mit Frischhaltefolie auslegen. Die Grießmasse darin etwa 1 cm hoch verstreichen und etwa 5 Minuten abkühlen lassen. Dann die Polenta in rautenförmige Stücke schneiden. 50 g Butter in einer Pfanne zerlassen. Polentastücke darin von jeder Seite kurz anbraten. Anschließend die Sauce mit Salz und Pfeffer abschmecken. Straußensteaks mit Polenta und der Pfeffersauce auf vorgewärmten Tellern servieren.

Straußensteaks mit Limetten- sauce und Spargelrisotto

Raffiniert

4 Portionen

Pro Portion:

E: 53 g, F: 26 g, Kh: 67 g, kJ: 3075, kcal: 734

1 Bund	*Frühlingszwiebeln*
2	*Bio-Limetten*
	(unbehandelt, ungewachst)
500 g	*weißer Spargel*
4	*Straußensteaks*
	(je etwa 200 g)
	Salz
	frisch gemahlener Pfeffer
3 EL	*Rapsöl*
1 EL	*grüner Pfeffer*
	(in Lake)
100 ml	*Geflügelbrühe*
2–3 EL	*Rapsöl*
300 g	*Risottoreis*
700 ml	*Geflügelbrühe*
100 g	*Schlagsahne*

Zubereitungszeit: 45 Minuten

1. Die Frühlingszwiebeln putzen, abspülen, abtropfen lassen und in etwa 2 cm lange Stücke schneiden. Die Limetten heiß abspülen, abtrocknen und von einer Limette die Schale abreiben. Limetten halbieren, 4 dünne Limettenscheiben abschneiden und zum Garnieren beiseitelegen. Aus den restlichen Limettenhälften den Saft auspressen.

2. Den Spargel von oben nach unten schälen. Dabei darauf achten, dass die Schalen vollständig entfernt, die Köpfe aber nicht verletzt werden. Die unteren Enden abschneiden (holzige Stellen vollkommen entfernen). Spargel abspülen, abtropfen lassen und in etwa 1 cm lange Stücke schneiden.

3. Den Backofen bei Ober-/Unterhitze auf etwa 100 °C vorheizen.

4. Die Straußensteaks unter fließendem kalten Wasser abspülen, mit Küchenpapier trocken tupfen, mit Salz und Pfeffer würzen. Rapsöl in einer ofenfesten Pfanne erhitzen. Die Steaks darin von jeder Seite 3–4 Minuten braten.

5. Grünen Pfeffer kurz abspülen und abtropfen lassen, mit Frühlingszwiebelstücken, je etwa der Hälfte des Limettensaftes und der abgeriebenen Limettenschale in die Pfanne geben. Geflügelbrühe hinzugießen und das Ganze aufkochen lassen.

6. Die Pfanne auf dem Rost zum Warmhalten in den vorgeheizten Backofen schieben.

7. In der Zwischenzeit Rapsöl in einem Topf erhitzen. Den Reis darin unter Rühren glasig dünsten. Nach und nach etwas von der Geflügelbrühe hinzugießen und zum Kochen bringen. Den Reis unter gelegentlichem Rühren bei schwacher Hitze etwa 20 Minuten zugedeckt garen, dabei nach und nach die restliche Brühe hinzugießen.

8. Nach etwa 10 Minuten Garzeit die Spargelstücke zum Reis geben, unterrühren und mitgaren. Dann die Sahne unterrühren. Risotto mit dem restlichen Limettensaft, der restlichen Limettenschale, Salz und Pfeffer abschmecken.

9. Beiseitegelegte Limettenscheiben halbieren. Die Straußensteaks mit Limettenscheiben garnieren und mit Sauce und Spargelrisotto servieren.

Tafelspitz vom Damhirsch

Für Gäste

4 Portionen

Pro Portion:
E: 44 g, F: 14 g, Kh: 8 g, kJ: 1409, kcal: 337

800 g	*Damhirschkeule (Unterschale)*
2 gestr. TL	*Salz*
	frisch gemahlener Pfeffer
200 g	*Knollensellerie*
200 g	*Möhren*
1	*Zwiebel*
1 EL	*Butter*
1 geh. EL	*Weizenmehl*
500 ml (½ l)	*aufgefangene Fleischbrühe*
1–2 EL	*Crème fraîche*
1 Bund	*Schnittlauch*
60 g	*geriebener Meerrettich*

Zubereitungszeit: 30 Minuten
Garzeit: etwa 75 Minuten

1. Das Fleisch unter fließendem kalten Wasser abspülen, trocken tupfen, evtl. enthäuten. Mit Wasser bedeckt in einem Topf zum Kochen bringen, abschäumen, mit Salz und Pfeffer würzen. Das Fleisch etwa 60 Minuten köcheln lassen.

2. Sellerie und Möhren putzen, schälen, abspülen, abtropfen lassen und in Würfel schneiden. Zwiebel abziehen und ebenfalls würfeln.

3. Sellerie-, Möhren- und Zwiebelwürfel zum Fleisch in den Topf geben. Das Ganze weitere etwa 15 Minuten köcheln lassen.

4. Fleisch aus der Brühe nehmen, zugedeckt warm stellen. Gemüse in ein Sieb abgießen, dabei die Brühe auffangen. 500 ml (½ l) Brühe davon abmessen.

5. Butter in einem Topf zerlassen. Mehl unter Rühren so lange darin erhitzen, bis es hellgelb ist. Abgemessene Brühe hinzugießen und mit einem Schneebesen gut durchrühren. Dabei darauf achten, dass keine Klümpchen entstehen.

6. Die Sauce zum Kochen bringen und bei schwacher Hitze etwa 5 Minuten köcheln lassen. Crème fraîche unterrühren. Gemüsestücke in die Sauce geben und pürieren.

7. Schnittlauch abspülen und trocken tupfen. Nach Belieben einige Schnittlauchhalme zum Garnieren beiseitelegen. Restlichen Schnittlauch in feine Röllchen schneiden. Etwa die Hälfte der Schnittlauchröllchen und den Meerrettich unter die Sauce rühren (die Sauce aber nicht mehr kochen lassen). Die Sauce mit Salz und Pfeffer abschmecken.

8. Den Tafelspitz in Scheiben schneiden, mit der Sauce und den beiseitegelegten Schnittlauchröllchen und -halmen garniert servieren.

Beilage: Salzkartoffeln und gemischter Salat.

Tauben in Honigsauce
Raffiniert
4 Portionen

Pro Portion:
E: 29 g, F: 42 g, Kh: 15 g, kJ: 2328, kcal: 557

Für die Marinade:

200 ml	*Wildfond oder -brühe*
3 EL	*flüssiger Honig*
1 EL	*Balsamico-Essig*
1 EL	*Ingwersirup*
1 EL	*Sojasauce*
einige Blättchen	*vorbereiteter Koriander*
4	*küchenfertige Wildtauben (je etwa 250 g)*
	Salz
	frisch gemahlener Pfeffer
2 EL	*Speiseöl, z. B. Olivenöl*
20 g	*Butter*

Zubereitungszeit: 30 Minuten
Garzeit: 20–25 Minuten

1. Den Backofen vorheizen.
Ober-/Unterhitze: etwa 200 °C
Heißluft: etwa 180 °C

2. Für die Marinade Wildfond oder -brühe mit den restlichen Zutaten in einem Topf verrühren und unter Rühren zum Kochen bringen.

3. Tauben innen und außen unter fließendem kalten Wasser abspülen und trocken tupfen. Tauben innen und außen mit Salz und Pfeffer einreiben.

4. Das Speiseöl in einer großen Pfanne erhitzen. Die Tauben darin evtl. in 2 Portionen von allen Seiten anbraten, herausnehmen und auf ein Backblech legen. Die Tauben mit der Marinade bestreichen. Das Backblech auf mittlerer Einschubleiste in den vorgeheizten Backofen schieben. Die Tauben 20–25 Minuten garen. Die Tauben vom Backblech nehmen und warm stellen.

5. Den Bratenfond in einen kleinen Topf gießen und um die Hälfte einkochen lassen. Die Sauce mit Pfeffer würzen und Butter in Flöckchen unterschlagen. Die Tauben mit der Sauce servieren.

Beilage: Wirsinggemüse und Kartoffelbällchen.

Tauben, gebratene
Für Gäste
4 Portionen

Pro Portion:
E: 26 g, F: 32 g, Kh: 15 g, kJ: 1877, kcal: 449

4	*küchenfertige Wildtauben (je etwa 250 g, mit Innereien) Salz*
2–3 EL	*Speiseöl, z. B. Olivenöl frisch gemahlener Pfeffer*
½ TL	*Paprikapulver edelsüß*
125 ml (⅛ l)	*heißes Wasser*
3 EL	*saure Sahne*
300 g	*grüne Weintrauben*
etwas	*Weizenmehl*

Außerdem:

Küchengarn

Zubereitungszeit: 25 Minuten
Garzeit: 45–60 Minuten

1. Den Backofen vorheizen.
Ober-/Unterhitze: etwa 200 °C
Heißluft: etwa 180 °C

2. Tauben innen und außen unter fließendem kalten Wasser abspülen und trocken tupfen. Die Tauben innen mit Salz einreiben. Den Hals nach hinten legen. Die Flügel mit Küchengarn zusammenbinden.

3. Magen, Herz und Leber säubern, waschen, trocken tupfen und mit der Butter in die Bäuche geben. Beide Beine ebenfalls zusammenbinden.

4. Das Öl mit Salz, Pfeffer und Paprikapulver verrühren. Die Tauben damit rundherum bestreichen.

5. Die Tauben in eine Fettpfanne (mit Wasser ausgespült) legen und die Fettpfanne auf mittlerer Einschubleiste in den vorgeheizten Backofen schieben. Dann die Tauben 45–60 Minuten garen.

6. Sobald der Bratensatz bräunt, etwas von dem heißen Wasser hinzugießen. Die Tauben ab und zu mit dem Bratensatz begießen. Verdampfte Flüssigkeit nach und nach durch heißes Wasser ersetzen.

7. Die garen Tauben aus der Fettpfanne nehmen, auf einer vorgewärmten Platte anrichten und warm stellen.

8. Den Bratensatz mit Wasser loskochen. Sahne unterrühren. Nach Belieben mit Wasser auffüllen. Die Sauce zum Kochen bringen.

9. Weintrauben waschen, trocken tupfen (einige Weintrauben zum Garnieren beiseitelegen). Trauben entstielen, halbieren, entkernen und in die Sauce geben.

10. Mehl mit Wasser anrühren, in die Sauce rühren und unter Rühren aufkochen lassen. Die Sauce etwa 5 Minuten köcheln lassen, mit Salz und Pfeffer abschmecken.

11. Die gebratenen Tauben mit den beiseitegelegten Weintrauben garnieren und mit der Sauce servieren.

Beilage: Servieren Sie Salzkartoffeln und Champagnerkraut dazu. Für das **Champagnerkraut** (4 Portionen) 600 g Sauerkraut locker zupfen. 2 Zwiebeln abziehen und fein würfeln. 30 g Butterschmalz oder 3 Esslöffel Sonnenblumenöl in einem Topf erhitzen. Die Zwiebelwürfel darin andünsten. Das Sauerkraut hinzugeben. Mit 300 ml Champagner oder Sekt angießen, mit Salz, Pfeffer würzen. Das Kraut etwa 30 Minuten garen, dabei gelegentlich umrühren. Dann das Champagnerkraut nochmals mit Salz, Pfeffer und etwas Zucker abschmecken.

Abwandlung: Magen, Herz und Leber fein hacken, mit 1 eingeweichten, gut ausgedrückten Stück Weißbrot, 1 Ei (Größe M), Salz, geriebener Muskatnuss und gehackter Petersilie vermengen. Die Füllung in die Tauben geben und die Öffnung jeweils mit Küchengarn zunähen.

Tipp: Statt der Weintrauben können Sie auch Ananaswürfel in die Sauce geben. Schneiden Sie dazu etwa 250 g frisches Ananasfruchtfleisch in kleine Würfel und geben sie in die Sauce.

Wachteln auf Wirsinggemüse

Raffiniert

4 Portionen

Pro Portion:
E: 31 g, F: 22 g, Kh: 4 g, kJ: 1406, kcal: 337

Für das Wirsinggemüse:

750 g	Wirsing
	Salzwasser
1	mittelgroße Zwiebel
1 EL	Speiseöl, z. B. Rapsöl
1 EL	Crème fraîche
	Kümmelsamen
	Salz
	frisch gemahlener Pfeffer
4	küchenfertige Wachteln
	(je etwa 150 g)
3 EL	Speiseöl, z. B. Rapsöl
75 g	Frühstücksspeck in Scheiben
	(Bacon)

Außerdem:

Küchengarn

Zubereitungszeit: 45 Minuten
Garzeit: 20–30 Minuten

1. Den Backofen vorheizen.
Ober-/Unterhitze: etwa 180 °C
Heißluft: etwa 160 °C

2. Für das Wirsinggemüse den Wirsing von den äußeren, schlechten Blättern befreien. Den Kohl halbieren und den Strunk herausschneiden. Wirsinghälften in Streifen schneiden, abspülen, abtropfen lassen und in kochendem Salzwasser etwa 2 Minuten blanchieren. Dann den Wirsing in ein Sieb geben, mit kaltem Wasser abschrecken und abtropfen lassen.

3. Zwiebel abziehen und in kleine Würfel schneiden. Speiseöl in einem Topf erhitzen. Zwiebelwürfel darin andünsten. Wirsingstreifen und Crème fraîche hinzufügen, mit Kümmel, Salz und Pfeffer würzen. Die Wirsingmasse in eine flache Auflaufform (gefettet) füllen.

4. Wachteln unter fließendem kalten Wasser abspülen und trocken tupfen. Die Flügel mit Küchengarn unter dem Rumpf zusammenbinden, die Keulen ebenfalls befestigen. Speiseöl in einer großen Pfanne erhitzen. Die Wachteln darin von allen Seiten anbraten, mit Salz und Pfeffer bestreuen.

5. Wachteln aus der Pfanne nehmen, auf den Wirsing in die Auflaufform legen und mit Speckscheiben belegen. Die Form auf dem Rost in den vorgeheizten Backofen schieben. Die Wachteln auf dem Gemüse 20–30 Minuten garen.

Beilage: Salzkartoffeln.

Wachteln in Rotwein
Mit Alkohol
4 Portionen

Pro Portion:
E: 29 g, F: 44 g, Kh: 8 g, kJ: 2465, kcal: 590

4	*küchenfertige Wachteln (je etwa 150 g)*
	Salz, frisch gemahlener Pfeffer
2 TL	*Paprikapulver edelsüß*
500 g	*Schalotten*
400 g	*kleine Champignons*
6 EL	*Olivenöl*
350 ml	*trockener Rotwein*
2	*Lorbeerblätter*
1 TL	*gerebelter Thymian*
1 gestr. TL	*Salz*
3 EL	*Olivenöl*
150 g	*Crème fraîche*

Zubereitungszeit: 30 Minuten
Garzeit: etwa 30 Minuten

1. Die Wachteln innen und außen unter fließendem kalten Wasser abspülen und trocken tupfen, mit Salz, Pfeffer und Paprikapulver einreiben.

2. Den Backofen vorheizen.
Ober-/Unterhitze: etwa 200 °C
Heißluft: etwa 180 °C

3. Schalotten abziehen. Champignons putzen, mit Küchenpapier abreiben, evtl. abspülen und trocken tupfen. Schalotten je nach Größe halbieren.

4. Olivenöl in einem großen Bräter erhitzen. Die Wachteln darin von allen Seiten anbraten. Rotwein hinzugießen. Lorbeerblätter hinzufügen, mit Thymian, Salz und Pfeffer würzen. Den Bräter auf dem Rost in den vorgeheizten Backofen schieben. Die Wachteln etwa 30 Minuten garen.

5. Etwa 15 Minuten vor Ende der Garzeit Olivenöl in einer großen Pfanne erhitzen. Schalotten und Champignons darin unter Rühren anbraten und etwa 5 Minuten dünsten lassen.

6. Den Bräter aus dem Backofen nehmen. Wachteln aus dem Bräter nehmen und warm stellen. Lorbeerblätter entfernen. Crème fraîche unter die Rotweinsauce rühren.

7. Die Wachteln mit den Champignons und Schalotten auf einer vorgewärmten Platte anrichten. Die Rotweinsauce dazureichen.

Beilage: Stangenweißbrot.

Tipp: Sie können die Schalotten und Champignons auch schon unter Punkt 3, nachdem die Wachteln angebraten sind, mit in den Bräter geben, kurz mit anbraten und dann wie beschrieben weiterarbeiten. Punkt 4 entfällt dann.

Wildbraten
Dauert länger
4 Portionen

Pro Portion:
E: 43 g, F: 15 g, Kh: 8 g, kJ: 1431, kcal: 342

750 g	**Wildfleisch aus der Keule,**
	z. B. Wildschwein- oder Rehfleisch
	Salz, frisch gemahlener Pfeffer
	Paprikapulver edelsüß
2 EL	**Rapsöl**
50 g	**Frühstücksspeck in Scheiben**
	(Bacon)
1	**Zwiebel**
2	**Tomaten**
1 TL	**Korianderkörner**
500 ml (½ l)	**Wildfond oder Fleischbrühe**

1 EL	**Weizenmehl**
2 EL	**kaltes Wasser**
75 g	**saure Sahne**
1 EL	**Preiselbeer-Dessert**

Zubereitungszeit: 40 Minuten
Garzeit: etwa 90 Minuten

1. Den Backofen vorheizen.
Ober-/Unterhitze: etwa 200 °C
Heißluft: etwa 180 °C

2. Das Wildfleisch mit Küchenpapier trocken tupfen, evtl. enthäuten, mit Salz, Pfeffer und Paprika würzen. Das Öl in einem Bräter erhitzen und das Fleisch darin kurz rundherum anbraten. Die Speckscheiben auf die Fleischoberfläche legen.

3. Die Zwiebel abziehen und würfeln. Die Tomaten abspülen, abtrocknen, halbieren und die Stängelansätze herausschneiden. Tomaten würfeln. Die Zwiebel- und Tomatenwürfel und zerstoßene Korianderkörner um das Fleisch verteilen.

4. Den Bräter auf dem Rost im unteren Drittel in den vorgeheizten Backofen schieben. Das Wildfleisch etwa 90 Minuten garen. Nach und nach Fond oder Brühe hinzugießen.

5. Das gare Fleisch herausnehmen. Etwa 10 Minuten zugedeckt ruhen lassen, damit sich der Fleischsaft setzt.

6. Die Sauce durch ein Sieb gießen, Gemüse dabei durch das Sieb passieren. Sauce zum Kochen bringen. Mehl mit Wasser anrühren und in die Sauce einrühren. Saure Sahne unterrühren. Die Sauce etwa 5 Minuten köcheln lassen. Preiselbeer-Dessert unter die Sauce rühren.

Beilage: Rosenkohlgemüse und gedünstete Birnen mit Preiselbeerfüllung.

Wildbretsalat in Sherrysauce mit Weintrauben

Mit Alkohol – schnell

4 Portionen

Pro Portion:

E: 32 g, F: 19 g, Kh: 6 g, kJ: 1417, kcal: 338

150 g	geputzter Wirsing
50 g	geputzter Chicorée
50 g	geputzter Feldsalat
50 g	kleine Pfifferlinge (aus der Dose)
je 50 g	grüne und blaue, kernlose Weintrauben
200 g	gebratenes Rehrückenfilet
200 g	gebratene Fasanenbrust
30 g	gehackte Walnusskerne

Für die Sauce:

50 ml	Sherry medium
1/2 TL	gerebelter Thymian
4 EL	Walnussöl
	Salz, frisch gemahlener Pfeffer
1 Prise	Zucker

Zubereitungszeit: 25 Minuten

1. Wirsing, Chicorée und Feldsalat abspülen und gut abtropfen lassen. Wirsing und Chicorée in Streifen schneiden. Feldsalat in kleine Stücke zupfen.

2. Wasser in einem Topf zum Kochen bringen und die Wirsingstreifen darin blanchieren. Mit kaltem Wasser abschrecken und abtropfen lassen.

3. Pfifferlinge in einem Sieb abtropfen lassen. Weintrauben waschen, abtropfen lassen und anschließend halbieren.

4. Rehrückenfilet und Fasanenbrust in dünne Scheiben schneiden und mit den anderen Salatzutaten und den Walnüssen vermischen.

5. Für die Sauce den Sherry mit Thymian verrühren. Öl unterschlagen. Die Sauce mit Salz, Pfeffer und Zucker abschmecken und über den Salat geben.

Tipp: Für den Wildbretsalat können Sie auch andere Wildbraten verarbeiten.

Wild-Cassoulet mit Polenta

Mit Alkohol
6 Portionen

Pro Portion:
E: 39 g, F: 20 g, Kh: 69 g, kJ: 2736, kcal: 653

Für die Polenta:

1 l	*Wasser*
250 g	*Maisgrieß*
50 g	*geriebener Parmesan-Käse*
	Salz
	frisch geriebene Muskatnuss

je 250 g	*Hirsch-, Reh- und Hasenfleisch*
30 g	*Butterschmalz*
200 ml	*Portwein*
250 g	*Preiselbeeren (aus dem Glas)*
5	*Wacholderbeeren*
2	*Gewürznelken*
2	*Lorbeerblätter*
	frisch gemahlener Pfeffer
	Zucker
500 ml (½ l)	*Wildfond*
1	*Orange*
200 g	*Zwiebeln*
500 g	*grüne und blaue Weintrauben*
400 g	*Austernpilze*
500 g	*Brokkoli*
500 g	*Möhren*

40 g	*Butterschmalz*

Zubereitungszeit: 40 Minuten
Garzeit: etwa 45 Minuten

1. Für die Polenta Wasser zum Kochen bringen. Den Grieß einrühren und etwa 3 Minuten unter Rühren köcheln lassen. Käse unterrühren. Die Masse mit Salz und Muskat abschmecken. Die Grießmasse in eine flache Form (gefettet) geben und glatt streichen. Die Grießmasse erkalten lassen.

2. In der Zwischenzeit das Fleisch mit Küchenpapier trocken tupfen, evtl. enthäuten, in kleine, gleich große Stücke schneiden. Butterschmalz in einem Bratentopf zerlassen. Das Fleisch darin gut anbraten, mit dem

Portwein ablöschen. Preiselbeeren unterrühren. Die Wacholderbeeren, Nelken und Lorbeerblätter hinzugeben. Das Ganze mit Salz, Pfeffer und Zucker würzen.

3. Das Cassoulet zugedeckt bei mittlerer Hitze etwa 30 Minuten schmoren lassen. Nach und nach den Fond zugeben.

4. Orange halbieren und auspressen. Zwiebeln abziehen, halbieren, in dünne Scheiben schneiden und mit dem Orangensaft dazugeben.

5. Die Weintrauben abspülen, abtropfen lassen, halbieren und entkernen. Pilze putzen, mit Küchenpapier abreiben, evtl. abspülen, gut abtropfen lassen und in Stücke schneiden.

6. Vom Brokkoli die Blätter entfernen und den Strunk abschneiden. Brokkoli in Röschen teilen. Möhren putzen, schälen, abspülen, abtropfen lassen und in kleine Würfel schneiden.

7. Trauben, Möhren, Brokkoli und Austernpilze zu dem Wildfleisch geben und unterrühren. Das Cassoulet weitere etwa 15 Minuten garen.

8. Die Polenta stürzen und mit Ausstechförmchen kleine Figuren ausstechen. Butterschmalz in einer Pfanne zerlassen. Die Polenta-Figuren darin etwa 3 Minuten von jeder Seite braten und zu dem Cassoulet reichen.

Tipps: Das Cassoulet kann auch nur mit einer Wildfleischsorte zubereitet werden. Anstatt der Austernpilze passen auch Pfifferlinge oder Champignons zu dem Cassoulet. Nach Belieben die Sauce mit etwas Saucenbinder andicken.

Wild-Curry

Gut vorzubereiten
4 Portionen

Pro Portion:
E: 46 g, F: 35 g, Kh: 13 g, kJ: 2298, kcal: 551

750 g	*Rehfleisch aus der Schulter*
	Salz
4 EL	*Rapsöl*
180 g	*rote Zwiebeln*
2	*Knoblauchzehen*
2 EL	*rotes Currypulver*
1 TL	*gemahlener Kreuzkümmel*
	(Cumin)
1 TL	*brauner Zucker*
1	*Bio-Limette*
	(unbehandelt, ungewachst)
400 ml	*Kokosmilch*
200 ml	*Fleischbrühe*
250 g	*Möhren*
1	*rote Paprikaschote*

Zubereitungszeit: 25 Minuten
Garzeit: etwa 60 Minuten

1. Das Rehfleisch mit Küchenpapier trocken tupfen, evtl. enthäuten und Fett abschneiden. Das Fleisch in etwa 2 cm große Würfel schneiden, mit Salz würzen.

2. Rapsöl in einem Topf erhitzen. Die Fleischwürfel darin anbraten. Zwiebeln und Knoblauch abziehen und in feine Würfel schneiden. Zwiebel- und Knoblauchwürfel mit anbraten. Das Fleisch mit Currypulver, Kreuzkümmel und Zucker würzen, kurz unter Rühren mitbraten.

3. Limette heiß abspülen, abtrocknen und die Schale abreiben. Limette halbieren und den Saft auspressen. Kokosmilch, Fleischbrühe, Limettensaft und abgeriebene Schale zum Fleisch in den Topf geben, zum Kochen bringen und bei schwacher Hitze zugedeckt etwa 60 Minuten köcheln lassen.

4. Möhren putzen, schälen, abspülen, abtropfen lassen und in Würfel schneiden. Paprikaschoten halbieren, entstielen, entkernen und die weißen Scheide-

wände entfernen. Schoten abspülen, abtropfen lassen und ebenfalls in Würfel schneiden.

5. Die Gemüsewürfel etwa 10 Minuten vor dem Ende der Garzeit mit in den Topf geben und das Curry fertig garen. Das fertige Wild-Curry nochmals mit den Gewürzen abschmecken und servieren.

Beilage: Basmati-Reis.

Tipp: Statt Rehfleisch können Sie auch Fleisch von der Wildschwein- oder Hirschschulter verwenden.

Rezeptvariante: Für **Wildgeschnetzeltes mit Pilzen** 300 g frische, gemischte Pilze putzen, evtl. abspülen und trocken tupfen. 800 g Wildfleisch (aus der Keule, z. B. vom Reh oder Hirsch) mit Küchenpapier trocken tupfen und in Streifen schneiden. 2 Zwiebeln abziehen und in schmale Spalten schneiden. Ein Bund Suppengrün (Möhre, Sellerie, Porree) putzen, abspülen, abtropfen lassen und klein schneiden. 5 Wacholderbeeren grob zerdrücken. 20 g Butterschmalz in einem Schmortopf erhitzen. Das Fleisch darin kräftig anbraten. 1 Esslöffel Weizenmehl daraufstreuen und kurz andünsten. 1 Esslöffel Tomatenmark, Zwiebeln und Suppengrün unterrühren und mit anbraten. Wacholderbeeren dazugeben und alles mit Salz und Pfeffer würzen. 350 ml Fleischbrühe und 250 ml (¹/₄ l) trockenen Rotwein dazugießen und aufkochen lassen. Alles zugedeckt bei schwacher Hitze etwa 40 Minuten schmoren. Nach etwa 30 Minuten Schmorzeit die Pilze dazugeben und fertig garen. Wildgeschnetzeltes mit 1 Esslöffel Crème fraîche verfeinern und nochmals mit Salz und Pfeffer abschmecken.

Wildente „Asia-Art"
Für Gäste
6 Portionen

Pro Portion:
E: 39 g, F: 39 g, Kh: 9 g, kJ: 2262, kcal: 540

2	*küchenfertige Wildenten (je etwa 800 g)*
1–2	*Chilischoten*
20 g	*Ingwer*
2 TL	*Sesamöl*
3 EL	*Sojasauce*
1 EL	*Curry*
1 TL	*brauner Zucker*
2 TL	*Speisestärke*
1 Dose	*Wasserkastanien in Scheiben (Abtropfgewicht 142 g)*
1	*gelbe Paprikaschote*
1 Stange	*Porree (Lauch)*
3 EL	*Sojaöl*
	Salz

Zubereitungszeit: 40 Minuten

1. Die Wildenten innen und außen unter fließendem kalten Wasser abspülen und trocken tupfen. Die Wildenten in Stücke zerlegen, dabei das Brustfleisch herausschneiden und die Keulen abtrennen.

2. Von den Keulen das Fleisch abschneiden. Das Fleisch von Brust und Keule in etwa 1 ½ cm große Stücke schneiden.

3. Chilischoten halbieren, entstielen, entkernen und die weißen Scheidewände entfernen. Schoten abspülen, abtropfen lassen und fein würfeln. Ingwer schälen, abspülen, abtropfen lassen und in feine Würfel schneiden.

4. Das Wildentenfleisch mit Sesamöl, Sojasauce, Curry, Zucker, Speisestärke, Chili- und Ingwerwürfeln vermischen.

5. Wasserkastanien in einem Sieb abtropfen lassen. Paprikaschote halbieren, entstielen, entkernen und die weißen Scheidewände entfernen. Schote abspülen, abtropfen lassen und in Würfel schneiden.

6. Porree putzen, die Stange längs halbieren, gründlich abspülen, abtropfen lassen und in etwa 2 cm lange Stücke schneiden.

7. Das Sojaöl in einer Pfanne erhitzen. Das Wildentenfleisch darin unter Rühren etwa 5 Minuten anbraten. Dann die Paprikawürfel hinzugeben und etwa 1 Minute mitbraten. Porreestücke hinzufügen und das Ganze noch etwa 2 Minuten unter Rühren braten.

8. Die Wildentenpfanne mit Salz abschmecken und servieren.

Beilage: Asiatische Nudeln, z.B. Mie-, Reis- oder Chow-Mein-Nudeln.

Tipps: Aus den Wildentenkarkassen (das Knochengerüst der Wildenten) können Sie z.B einen Wildfond (siehe S. 127) oder eine Wildgeflügelsuppe (siehe S. 130) zubereiten. Das Wildentenfleisch kann schon am Vorabend bis einschließlich Punkt 4 vorbereitet werden. Das marinierte Fleisch dann zugedeckt im Kühlschrank aufbewahren.

Wildente, gebratene

Mit Alkohol
2–3 Portionen

Pro Portion:
E: 57 g, F: 49 g, Kh: 4 g, kJ: 3140, kcal: 750

1	küchenfertige Wildente (etwa 1 kg)
	Salz, frisch gemahlener Pfeffer
50 ml	Wasser
150 ml	heiße Gemüsebrühe oder Entenfond
½ TL	Salz
250 ml (¼ l)	trockener Weißwein
100 ml	Gemüsebrühe oder Entenfond
1 geh. EL	Weizenmehl
50 ml	kaltes Wasser

Zubereitungszeit: 35 Minuten
Garzeit: etwa 70 Minuten

1. Den Backofen vorheizen.
Ober-/Unterhitze: etwa 200 °C
Heißluft: etwa 180 °C

2. Wildente innen und außen unter fließendem kalten Wasser abspülen und trocken tupfen. Wildente innen und außen mit Salz und Pfeffer einreiben.

3. Etwa 50 ml Wasser in einen großen Bräter oder eine Fettfangschale gießen. Die Ente mit der Brust nach unten hineinlegen. Den Bräter auf dem Rost oder die Fettpfanne im unteren Drittel in den vorgeheizten Backofen schieben. Die Wildente etwa 70 Minuten garen.

4. Sobald der Bratensatz bräunt, etwas von der heißen Brühe oder dem Fond hinzugießen. Verdampfte Flüssigkeit nach und nach durch Brühe oder Fond ersetzen. Die Wildente vorsichtig ab und zu mit dem Bratensatz begießen. Nach etwa 45 Minuten Garzeit die Wildente wenden.

5. Etwa 10 Minuten vor Ende der Garzeit die Backofentemperatur um etwa 20 °C erhöhen, damit die Haut schön kross wird. Wasser mit Salz verrühren, die Ente damit bestreichen. Die Ente im Bräter oder in der Fettpfanne wieder in den heißen Backofen schieben und fertig garen.

6. Die gare Wildente aus dem Bräter oder der Fettpfanne nehmen und zugedeckt warm stellen.

7. Für die Sauce Weißwein und Gemüsebrühe oder Entenfond in den Bräter oder die Fettpfanne gießen. Den Bratensatz loskochen und evtl. in einen Topf gießen.

8. Mehl mit Wasser anrühren, mit einem Schneebesen in die kochende Flüssigkeit rühren und unter Rühren zum Kochen bringen. Die Sauce mit Salz und Pfeffer abschmecken. Die Wildente tranchieren und mit der Sauce servieren.

Beilage: Böhmische Knödel und Rotkohl.

Wildente, gefüllte
Raffiniert
3 Portionen

Pro Portion:
E: 51 g, F: 61 g, Kh: 34 g, kJ: 3704, kcal: 885

Für die Füllung:

80 g	Weißbrot
1	Apfel
30 g	Rosinen
1	Ei (Größe M)
100 g	Schlagsahne
1 EL	gehackte Petersilie
	Salz, frisch gemahlener Pfeffer
1	küchenfertige Wildente
	(800–1000 g)
3 EL	Speiseöl, z. B. Rapsöl
400 ml	Entenfond
600 g	Steckrübe
1	Zwiebel

Außerdem:

evtl.	Rouladennadeln

Zubereitungszeit: 30 Minuten
Garzeit: etwa 70 Minuten

1. Für die Füllung Weißbrot in kleine Würfel schneiden. Apfel schälen, vierteln, entkernen und ebenfalls in kleine Würfel schneiden. Weißbrot-, Apfelwürfel und Rosinen in eine Schüssel geben, mit Ei, Sahne und Petersilie verrühren, mit Salz und Pfeffer würzen.

2. Den Backofen vorheizen.
Ober-/Unterhitze: etwa 200 °C
Heißluft: etwa 180 °C

3. Wildente innen und außen unter fließendem kalten Wasser abspülen und trocken tupfen. Die Füllung fest in die Ente drücken und die Öffnung evtl. mit Rouladennadeln feststecken. Die Ente mit Salz und Pfeffer bestreuen.

4. Speiseöl in einem Bräter erhitzen. Die Wildente mit der Brust nach unten hineinlegen. Den Bräter auf dem Rost im unteren Drittel in den vorgeheizten Backofen schieben. Die Ente etwa 70 Minuten garen.

5. Sobald der Bratensatz bräunt, etwas Entenfond hinzugießen. Verdampfte Flüssigkeit nach und nach durch den Entenfond ersetzen. Die Ente ab und zu mit dem Fond begießen.

6. Die Steckrübe putzen, schälen, abspülen, abtropfen lassen und in 2 cm große Würfel schneiden. Die Zwiebel abziehen und ebenfalls klein würfeln.

7. Nach etwa 30 Minuten Garzeit die Ente umdrehen und die Steckrüben- und Zwiebelwürfel zu der Ente in den Bräter geben, mit Salz und Pfeffer würzen und mitgaren lassen.

8. Wildente aus dem Backofen nehmen, tranchieren und evtl. die Rouladennadeln entfernen. Wildente mit der Füllung und dem Steckrübengemüse anrichten.

Beilage: Petersilienkartoffeln.

Tipp: Würzen Sie die Ente und die Füllung zusätzlich mit frischem oder getrocknetem Thymian.

Wildenten, marinierte
Dauert länger – mit Alkohol
6 Portionen

Pro Portion:
E: 46 g, F: 63 g, Kh: 23 g, kJ: 3704, kcal: 885

2	küchenfertige Wildenten (je etwa 800 g)
400 ml	Weißwein
250 ml (¼ l)	Weißweinessig
2	Lorbeerblätter
4	Gewürznelken
1 TL	zerdrückte Wacholderbeeren
2 TL	schwarze Pfefferkörner
	frisch gemahlener Pfeffer

Für die Semmelknödel:

1	mittelgroße Zwiebel
4	Brötchen (Semmeln)
2 EL	Butterschmalz
150 ml	lauwarme Milch
20 g	zerlassene Butter
2	Eier (Größe M)
4 Stängel	Petersilie, Salz

2 EL	Butterschmalz
200 ml	Geflügelfond

600 g	Brokkoli
30 g	Butter

125 g	Schlagsahne
	Zucker

Zubereitungszeit: 60 Minuten, ohne Marinierzeit
Garzeit: etwa 60 Minuten

1. Wildenten innen und außen unter fließendem kalten Wasser abspülen, trocken tupfen und in ein ausreichend großes Gefäß legen.

2. Weißwein mit Essig und den Gewürzen vermischen und über die Enten gießen. Die Enten sollen vollständig mit Marinade bedeckt sein. Die Wildenten zugedeckt etwa 24 Stunden im Kühlschrank marinieren, dabei die Enten 1-mal wenden.

3. Für die Semmelknödel Zwiebel abziehen und fein würfeln. Brötchen ebenfalls in kleine Würfel schneiden. Butterschmalz zerlassen. Die Zwiebelwürfel darin andünsten und mit den Brötchenwürfeln in eine Schüssel geben. Milch und Butter unterrühren. Eier verschlagen und unter die Masse heben. Petersilie abspülen und trocken tupfen. Die Blätter von den Stängeln zupfen, fein hacken und unterrühren. Die Masse mit Salz würzen und ruhen lassen.

4. In der Zwischenzeit die Enten aus der Marinade nehmen, trocken tupfen und mit Salz und Pfeffer einreiben. Die Marinade durch ein Sieb in einen Topf gießen und etwas einkochen lassen.

5. Den Backofen vorheizen.
Ober-/Unterhitze: etwa 200 °C
Heißluft: etwa 180 °C

6. Butterschmalz in einem Bräter erhitzen. Die Enten darin rundherum anbraten, etwa die Hälfte der Marinade dazugießen. Die Enten mit der Brust nach oben hineinlegen. Den Bräter auf dem Rost im unteren Drittel in den vorgeheizten Backofen schieben. Die Wildenten etwa 60 Minuten garen. Zwischendurch die Enten immer wieder mit dem Sud begießen, restliche eingekochte Marinade und Fond nach und nach hinzugeben.

7. Aus der Semmelmasse mit bemehlten Händen kleine Knödel formen. Diese in kochendem Salzwasser etwa 10 Minuten gar ziehen, dabei das Wasser nicht mehr kochen lassen.

8. Von dem Brokkoli die Blätter entfernen und in Röschen teilen. Die Röschen abspülen und in kochendem Salzwasser etwa 8 Minuten garen. Butter zerlassen. Brokkoliröschen abtropfen lassen und in der Butter schwenken.

9. Die Enten aus dem Backofen herausnehmen. Die Enten zugedeckt warm stellen. Den Sud etwas einkochen lassen. Sahne unterrühren. Die Sauce mit Salz, Pfeffer und Zucker abschmecken.

10. Die Enten tranchieren, mit Brokkoli und Semmelknödeln anrichten und die Sauce dazureichen.

Wildentenpastete

Mit Alkohol
4 Portionen

Pro Portion:
E: 31 g, F: 36 g, Kh: 48 g, kJ: 2732, kcal: 653

1 Pck.	TK-Blätterteig (450 g)
3	Wildentenbrustfilets (je etwa 80 g)
180 g	Hähnchenbrustfilet
	Salz
	frisch gemahlener Pfeffer
1 EL	Olivenöl
1	Brötchen (Semmel) vom Vortag
1	Schalotte
50 g	Crème fraîche
20 ml	Grand Marnier (Orangenlikör)
25 g	gehackte Pistazien
etwas	Milch zum Bestreichen

Zubereitungszeit: 40 Minuten,
ohne Auftau- und Kühlzeit
Backzeit: 35–40 Minuten
Haltbarkeit: gekühlt etwa 3 Tage

1. Blätterteigplatten zugedeckt nebeneinander bei Zimmertemperatur auftauen lassen.

2. Die Entenbrust- und Hähnchenbrustfilets unter fließendem kalten Wasser abspülen und trocken tupfen. Von den Entenbrustfilets Fett und Haut abschneiden. 2 Entenbrustfilets längs halbieren, mit Salz und Pfeffer würzen.

3. Das Olivenöl in einer Pfanne erhitzen. 3 Entenbruststreifen darin von allen Seiten in etwa 10 Minuten gut anbraten, aus der Pfanne nehmen, erkalten lassen.

4. Das restliche Entenbrustfilet und das Hähnchenbrustfilet in kleine Würfel schneiden, für etwa 10 Minuten tiefgefrieren. Brötchen in Wasser einweichen, dann ausdrücken. Schalotte abziehen, halbieren und in feine Würfel schneiden. Fleisch-, Schalottenwürfel und Brötchen in einem Blitzhacker fein zerkleinern.

5. Fleischmasse mit Salz und Pfeffer abschmecken. Crème fraîche, Grand Marnier und Pistazien unterrühren oder untermixen. Masse in den Kühlschrank stellen.

6. Blätterteigplatten aufeinanderlegen und auf einer leicht bemehlten Arbeitsfläche zu einem Rechteck (etwa 30 x 40 cm) ausrollen. Etwa ein Drittel der Teigplatte mit der Fleischmasse bestreichen, dabei am Rand etwa 1 cm frei lassen.

7. Entenbruststreifen auf die Fleischmasse legen und den Teig von der schmalen Seite her, mit der Füllung beginnend, aufrollen. Die Enden gut zusammendrücken. Auf der Pastetenoberfläche mit einem spitzen Messer 3 kleine runde Blätterteigtaler ausschneiden. Pastete für 20 Minuten in den Kühlschrank stellen.

8. Den Backofen vorheizen.
Ober-/Unterhitze: etwa 180 °C
Heißluft: etwa 160 °C

9. Pastete mit der Naht nach unten auf ein Backblech (30 x 40 cm, mit Backpapier belegt) legen. Pastetenoberfläche mit Milch bestreichen. Das Backblech im unteren Drittel in den vorgeheizten Backofen schieben. Die Pastete 35–40 Minuten backen.

10. Pastete nach dem Backen etwa 5 Minuten ruhen lassen, dann in Scheiben schneiden.

Wildfond, selbst gemacht

Gut vorzubereiten – mit Alkohol
etwa 1 ½–2 l

Insgesamt:
E: 135 g, F: 103 g, Kh: 19 g, kJ: 6440, kcal: 1540

etwa 750 g	*Wildknochen und -abschnitte*
2 EL	*Butterschmalz*
2	*Zwiebeln*
1 Bund	*Suppengrün (Möhre, Sellerie, Porree)*
2 EL	*Tomatenmark*
1 EL	*Wacholderbeeren*
1 TL	*Salz*
2	*Lorbeerblätter*
4–5	*Pfefferkörner*
2	*Gewürznelken*
375 ml (³⁄₈ l)	*trockener Rotwein*
etwa 2 l	*Wasser*
je 2 Zweige	*Rosmarin, Thymian und Majoran*

Zubereitungszeit: 30 Minuten
Garzeit: 2–3 Stunden

1. Wildknochen und -abschnitte unter fließendem kalten Wasser abspülen, trocken tupfen, klein schneiden oder hacken, nochmals abspülen und trocken tupfen.

2. Butterschmalz in einem großen Topf erhitzen. Die Knochen und Abschnitte darin portionsweise kräftig anbraten.

3. Zwiebeln abziehen und grob würfeln. Suppengün putzen. Möhre und Sellerie schälen, abspülen, abtropfen lassen und in Würfel schneiden. Die Porreestange längs halbieren, gründlich abspülen, abtropfen lassen und in Stücke schneiden. Gemüse in den Topf geben und unter Rühren mitbraten. Das Tomatenmark unterrühren.

4. Wacholderbeeren zerdrücken, mit Salz, Lorbeerblättern, Pfefferkörnern und Nelken ebenfalls in den Topf geben. Wein und Wasser hinzugießen und zum Kochen bringen.

5. Rosmarin, Thymian und Majoran abspülen und in den Topf geben. Dann das Ganze bei schwacher Hitze 2–3 Stunden köcheln lassen.

6. Zwischendurch von der Brühe (Fond) den sich bildenden Schaum mit einem Schaumlöffel abheben. Die fertige Brühe durch ein Sieb gießen. Den Fond wie in den Rezepten angegeben weiterverwenden oder portionsweise einfrieren.

Wildfrikadellen mit Gewürzbrot

Raffiniert
4 Portionen

Pro Portion:
E: 50 g, F: 28 g, Kh: 57 g, kJ: 2858, kcal: 683

Für das Gewürzbrot:

220 g	Weizenmehl
21 g	frische Hefe
1 TL	Zucker
70 ml	lauwarme Milch
3 Stängel	Dill
2 Zweige	Rosmarin
2	Schalotten
1	Knoblauchzehe
20 g	Butter
1	Ei (Größe M)
	frisch geriebene Muskatnuss
1 TL	gemahlene Gewürzmischung (Koriander, Fenchel, Anis, Piment, Zimt)
	Salz
	frisch gemahlener Pfeffer

Für die Frikadellen:

1	Brötchen (Semmel) vom Vortag
500 g	Wildfleisch, am besten aus der Keule, z. B. Reh, Hirsch oder Wildschwein
200 g	Gehacktes (halb Schweine-, halb Rindfleisch)
4	Wacholderbeeren
2 Stängel	Rosmarin
2	Eier (Größe M)
2 EL	Wildpreiselbeeren
1 EL	mittelscharfer Senf
1 EL	Butterschmalz

Außerdem:

4	Auflaufförmchen (Ø etwa 8 cm)

Zubereitungszeit: 70 Minuten, ohne Teiggeh- und Einweichzeit
Backzeit: etwa 20 Minuten

1. Für das Gewürzbrot das Mehl in eine Rührschüssel geben. In die Mitte eine Vertiefung drücken, Hefe hineinbröckeln. Zucker und etwas Milch hinzufügen, mit einer Gabel mit etwas Mehl verrühren und zugedeckt 10–15 Minuten gehen lassen.

2. Dill und Rosmarin abspülen und trocken tupfen. Die Blättchen und Nadeln von den Stängeln zupfen und hacken. Schalotten und Knoblauch abziehen und sehr fein würfeln.

3. Butter zerlassen. Schalotten- und Knoblauchwürfel darin andünsten, zusammen mit dem Ei, der restlichen Milch, Dill und Rosmarin zum Vorteig geben. Dann die Masse mit Muskat, Gewürzmischung, Salz und Pfeffer würzen. Die Zutaten mit Handrührgerät mit Knethaken zunächst kurz auf niedrigster, dann auf höchster Stufe in etwa 5 Minuten zu einem Teig verarbeiten. Danach den Teig zugedeckt so lange an einem warmen Ort gehen lassen, bis er sich sichtbar vergrößert hat (etwa 30 Minuten).

4. Für die Frikadellen Brötchen in Wasser einweichen. Das Wildfleisch trocken tupfen, evtl. enthäuten, kleiner schneiden und durch die feine Scheibe eines Fleischwolfes drehen. Wacholderbeeren zerdrücken. Rosmarin abspülen und trocken tupfen. Die Nadeln von den Stängeln zupfen. Nadeln klein schneiden.

5. Die Wildhackmasse in eine Rührschüssel geben. Brötchen gut ausdrücken und hinzugeben. Gehacktes, Eier, Preiselbeeren, Senf, Wacholderbeeren und Rosmarin hinzufügen. Die Zutaten gut vermengen, mit Salz und Pfeffer kräftig abschmecken, in den Kühlschrank stellen.

6. Den Backofen vorheizen.
Ober-/Unterhitze: etwa 200 °C
Heißluft: etwa 180 °C

7. Den Brotteig aus der Schüssel nehmen, auf einer leicht bemehlten Arbeitsfläche nochmals kurz durchkneten, in 4 gleiche Portionen teilen und in die Förmchen (gefettet, mit Mehl ausgestreut) füllen. Den Teig nochmals zugedeckt so lange an einem warmen Ort gehen lassen, bis er sich sichtbar vergrößert hat (etwa 20 Minuten). Teigoberfläche mit Wasser bestreichen.

8. Die Formen auf dem Rost in den vorgeheizten Backofen schieben. Brot etwa 20 Minuten backen.

9. Aus der Wildhackmasse mit angefeuchteten Händen 8 gleich große Frikadellen formen. Butterschmalz in einer Pfanne erhitzen. Die Frikadellen darin von beiden Seiten bei mittlerer etwa 12 Minuten Hitze braten.

Beilage: Kopfsalat mit Vinaigrette und eine kalte Sauce aus Crème fraîche mit körnigem Senf, Salz und etwas Honig abgeschmeckt.

Tipp: Wenn kein Fleischwolf vorhanden ist, können Sie das Wildfleisch auch beim Metzger durch den Fleischwolf drehen lassen.

Wildgeflügelsuppe

Einfach
4 Portionen

Pro Portion:
E: 42 g, F: 27 g, Kh: 19 g, kJ: 2045, kcal: 489

1 kg	Wildgeflügelteile, z. B. von Wildente, Fasan oder Taube
1 TL	Salz
1	Zwiebel
180 g	Möhren
200 g	Knollensellerie
100 g	Vollkornspätzle
200 g	Porree (Lauch)
	Salz, frisch gemahlener Pfeffer frisch geriebene Muskatnuss
1–2	Petersilienstängel

Zubereitungszeit: 30 Minuten, ohne Abkühlzeit
Garzeit: etwa 75 Minuten

1. Die Geflügelteile unter fließendem kalten Wasser abspülen, abtropfen lassen und mit etwa 1 ½ l kaltem Wasser in einem Topf zum Kochen bringen. Salz hinzufügen, wieder zum Kochen bringen und abschäumen.

2. Zwiebel abziehen, hinzugeben. Das Ganze zugedeckt bei schwacher Hitze etwa 1 Stunde köcheln lassen.

3. Die Geflügelteile aus der Brühe nehmen und etwas abkühlen lassen. Die Brühe durch ein feines Sieb gießen und wieder in den Topf geben. Das Fleisch von den Knochen lösen und in kleine Stücke schneiden.

4. Möhren und Sellerie schälen, abspülen, abtropfen lassen und in kleine Würfel schneiden. Gemüsewürfel und Fleischstücke in die Brühe geben. Dann die Brühe nochmals kurz aufkochen. Die Spätzle evtl. etwas kleiner brechen und in die Brühe geben. Die Suppe noch etwa 15 Minuten köcheln lassen.

5. Porree putzen. Die Stange längs halbieren, gründlich waschen, abtropfen lassen und in feine Streifen schneiden. Die Porreestreifen zum Schluss noch etwa 2 Minuten in der Suppe ziehen lassen. Die Suppe mit Salz, Pfeffer und Muskat abschmecken.

6. Die Petersilie abspülen, trocken tupfen und die Blättchen abzupfen. Die Suppe mit den Petersilienblättchen garniert servieren.

Tipps: Wenn Sie eine ganze Wildente oder einen Fasan haben, dann können Sie die Wildgeflügelsuppe von den Karkassen und Keulen zubereiten. Die Brüste können Sie herauslösen und z. B. zum Kurzbraten verwenden. Diese können Sie als zusätzliche Fleischeinlage in die Suppe geben (siehe Foto) oder zu einem leckeren Salat genießen.

Wildgulasch mit Pilzen

Mit Alkohol
4 Portionen

Pro Portion:
E: 34 g, F: 14 g, Kh: 6 g, kJ: 1282, kcal: 306

5 g	getrocknete Steinpilze
60 g	durchwachsener Speck
600 g	Wildfleisch,
	z. B. Reh, Hirsch, Wildschwein
1 EL	Speiseöl, z. B. Sonnenblumenöl
2	Zwiebeln
1	Knoblauchzehe
½ TL	gerebelter Thymian
	Salz, frisch gemahlener Pfeffer
250 ml (¼ l)	Fleischbrühe
250 ml (¼ l)	dunkles Bier
1	Lorbeerblatt
250 g	Champignons
250 g	Tomaten
2 EL	Crème fraîche
1 Bund	glatte Petersilie

Zubereitungszeit: 30 Minuten
Garzeit: etwa 60 Minuten

1. Steinpilze nach Packungsanleitung in Wasser einweichen. Speck in kleine Würfel schneiden. Wildfleisch mit Küchenpapier trocken tupfen, evtl. enthäuten und in etwa 2 cm große Würfel schneiden.

2. Öl in einer großen Pfanne erhitzen. Die Speckwürfel darin auslassen. Ausgebratene Speckwürfel herausnehmen. Dann Fleischwürfel in die Pfanne geben und unter gelegentlichem Rühren darin von allen Seiten gut anbraten.

3. Zwiebeln und Knoblauch abziehen, fein würfeln, ebenfalls in die Pfanne geben und mitbraten. Die Fleischwürfel mit Thymian, Salz und Pfeffer würzen. Brühe und Bier hinzugießen.

4. Steinpilze abtropfen lassen und mit dem Lorbeerblatt unterrühren. Das Wildgulasch zugedeckt etwa 60 Minuten schmoren lassen.

5. Die Champignons putzen, mit Küchenpapier abreiben, evtl. abspülen, trocken tupfen, halbieren und etwa 15 Minuten vor dem Ende der Schmorzeit zum Gulasch geben.

6. Tomaten abspülen, kreuzweise einschneiden, mit kochendem Wasser übergießen und dann mit kaltem Wasser abschrecken. Tomaten enthäuten, vierteln und die Stängelansätze herausschneiden. Tomatenviertel in Stücke schneiden und etwa 5 Minuten vor dem Ende der Schmorzeit unter das Wildgulasch rühren.

7. Nach der Schmorzeit das Lorbeerblatt aus dem Wildgulasch entfernen. Crème fraîche unterrühren. Das Gulasch mit Salz und Pfeffer abschmecken.

8. Die Petersilie abspülen, abtropfen lassen und die Blättchen von den Stängeln zupfen. Blättchen fein hacken und unter das Wildgulasch rühren.

Beilage: Semmelklöße und grüner Blattsalat.

Wildkoteletts, marinierte
Gut vorzubereiten – schnell
4–6 Portionen

Pro Portion:
E: 51 g, F: 26 g, Kh: 4 g, kJ: 1920, kcal: 458

8	Wildkoteletts, z. B. vom Reh (je etwa 175 g)
5 EL	Zitronensaft
5 EL	Olivenöl
10	zerdrückte Wacholderbeeren
1	Lorbeerblatt in Stückchen
1 TL	gerebelter Thymian
	Salz
	frisch gemahlener Pfeffer
125 ml (1/8 l)	Wasser
125 g	Schlagsahne
1–2 TL	Brombeer- oder Johannisbeergelee
evtl.	Cayennepfeffer

Zubereitungszeit: 30 Minuten, ohne Marinierzeit

1. Die Koteletts unter fließendem kalten Wasser abspülen und trocken tupfen, evtl. enthäuten. Für die Marinade Zitronensaft, Öl, Wacholderbeeren, Lorbeerblatt und Thymian verrühren.

2. Die Koteletts in eine Schüssel geben, mit der Marinade übergießen, etwa 2 Stunden zugedeckt im Kühlschrank marinieren, ab und zu wenden.

3. Eine Bratpfanne erhitzen. Das Fleisch aus der Marinade nehmen, etwas abtropfen lassen und etwa 10 Minuten unter Wenden darin braten, mit Salz und Pfeffer würzen, zugedeckt warm stellen.

4. Restliche Marinade mit dem Wasser in die Bratpfanne geben. Bratensatz loskochen. Sahne und Gelee hinzufügen, gut verrühren. Sauce mit Salz, Pfeffer und evtl. Cayennepfeffer abschmecken, dazu reichen.

Beilage: Preiselbeeren, Salzkartoffeln, Prinzessbohnen mit Tomatengemüse.

Tipp: Die Wildkoteletts mit Kräutern und rosa Pfefferbeeren bestreut servieren.

Wildmedaillon-Duett

Für Gäste – schnell

4 Portionen

Pro Portion:
E: 52 g, F: 12 g, Kh: 4 g, kJ: 1378, kcal: 329

8	Rehmedaillons (je 40–50 g)
4	Rothirschkalbmedaillons (je etwa 150 g)
	Salz
	frisch gemahlener Pfeffer
2 EL	Speiseöl, z. B. Olivenöl
1	Schalotte
200 g	Pfifferlinge oder gemischte Pilze (aus dem Glas)
1 EL	gerebelter Thymian
400 ml	Wildfond
1 TL	Speisestärke
	frisch geriebene Muskatnuss
1 Prise	Zucker

Zubereitungszeit: 30 Minuten

1. Medaillons mit Küchenpapier trocken tupfen, mit Salz und Pfeffer würzen.

2. Olivenöl in einer Pfanne erhitzen. Zuerst die großen Medaillons etwa 8 Minuten, dann die kleinen Medaillons 3–4 Minuten darin von beiden Seiten braten.

3. Die Medaillons aus der Pfanne nehmen, mit Salz bestreuen und auf einem vorgewärmten Teller im Backofen bei Ober-/Unterhitze: etwa 80 °C warm halten.

4. Schalotte abziehen und würfeln. Pfifferlinge oder Pilze in einem Sieb abtropfen lassen. Schalottenwürfel in der Pfanne mit dem Bratensatz andünsten. Pfifferlinge oder Pilze hinzugeben und mitdünsten. Thymian unterrühren.

5. Den Wildfond hinzugießen und zum Kochen bringen. Speisestärke mit etwas kaltem Wasser anrühren und in die Sauce einrühren. Die Sauce kurz aufkochen und mit Salz, Pfeffer, Muskatnuss und Zucker abschmecken.

Wildragout

Gut vorzubereiten

4 Portionen

Pro Portion:
E: 43 g, F: 13 g, Kh: 12 g, kJ: 1421, kcal: 339

800 g	*Wildfleisch aus der Keule,*
	z. B. Hirsch, Reh, Wildschwein
50 g	*durchwachsener Speck*
1	*Zwiebel*
3 EL	*Speiseöl, z. B. Sonnenblumenöl*
	Salz, frisch gemahlener Pfeffer
1 TL	*Weizenmehl*
4	*Wacholderbeeren*
3	*Gewürznelken*
2 Msp.	*gerebelter Thymian*
250 ml (¼ l)	*heiße Gemüsebrühe*
	oder Wildfond
250 g	*Champignons oder Pfifferlinge*
2 EL	*Johannisbeergelee*
1–2 TL	*Weizenmehl*
etwas	*kaltes Wasser*

Zubereitungszeit: 30 Minuten
Garzeit: etwa 65 Minuten

1. Wildfleisch mit Küchenpapier trocken tupfen, evtl. enthäuten und in etwa 2 cm große Würfel schneiden.

Speck fein würfeln. Zwiebel abziehen und ebenfalls in Würfel schneiden.

2. Öl in einem Topf erhitzen. Die Speckwürfel darin auslassen. Die Fleischwürfel hinzufügen, darin von allen Seiten gut anbraten und mit Salz und Pfeffer würzen.

3. Zwiebelwürfel hinzufügen und mitbräunen lassen. Das Mehl darüberstäuben. Wacholderbeeren, Nelken, Thymian und gut die Hälfte der heißen Gemüsebrühe oder des Wildfonds unterrühren. Das Ganze kurz aufkochen und danach etwa 55 Minuten zugedeckt bei mittlerer Hitze schmoren. Die verdampfte Flüssigkeit nach und nach durch Gemüsebrühe oder Wildfond ersetzen.

4. In der Zwischenzeit Pilze putzen, mit Küchenpapier abreiben, evtl. abspülen und trocken tupfen (große Pilze halbieren oder vierteln). Die Pilze zu dem Ragout geben und noch etwa 5 Minuten mitschmoren.

5. Johannisbeergelee unterrühren. Mehl mit etwas Wasser anrühren und in das Sauce einrühren. Das Ragout kurz aufkochen und etwa 5 Minuten köcheln lassen. Das Ragout mit Salz abschmecken.

Beilage: Salzkartoffeln, Rosenkohl und Preiselbeer-kompott.

Wildsalami mit grünem Salat in Sauerrahmdressing

Schnell

4 Portionen

Pro Portion:
E: 9 g, F: 15 g, Kh: 10 g, kJ: 898, kcal: 214

1	*Kopfsalat*
150 g	*Schmand (Sauerrahm)*
1–2 EL	*Zitronensaft*
	Salz
	frisch gemahlener Pfeffer
	Zucker
½ Bund	*Schnittlauch*
120 g	*Wildsalami in dünnen Scheiben*
4	*frische Feigen*

Zubereitungszeit: 15 Minuten

1. Salat putzen und die äußeren, welken Blätter entfernen. Den Strunk keilförmig mit einem Messer aus dem Salat schneiden. Salatblätter in reichlich Wasser gründlich waschen, aber nicht drücken.

2. Salatblätter in einem Sieb gut abtropfen lassen oder in einer Salatschleuder trocken schleudern. Die dicken Rippen aus den Salatblättern entfernen und die großen Blätter kleiner zupfen. Die Herzblätter ganz lassen.

3. Den Schmand mit Zitronensaft verrühren, mit Salz, Pfeffer und Zucker abschmecken. Schnittlauch abspülen, trocken tupfen und in kleine Röllchen schneiden. Schnittlauchröllchen unter das Dressing rühren

4. Feigen abspülen, trocken tupfen und vierteln. Den Salat mit dem Dressing vermengen, auf 4 Tellern mit Feigenvierteln und Salamischeiben anrichten.

Beilage: Baguette.

Tipp: Nach Belieben den Salat mit Kapuzinerkresseblüten garnieren.

Wildschweingeschnetzeltes mit Mango-Chutney

Raffiniert

6 Portionen

Pro Portion:
E: 29 g, F: 30 g, Kh: 54 g, kJ: 2536, kcal: 605

Für das Mango-Chutney:

1–2	Mangos (500 g Fruchtfleisch)
2	Äpfel (350 g)
150 g	Zucker
	Salz
	frisch gemahlener Pfeffer
	frisch geriebene Muskatnuss
1 EL	Paprikapulver rosenscharf
1 EL	Currypulver
5 EL	Weißweinessig
50 g	Ingwer
50 g	Rosinen

Für das Wildschweingeschnetzelte:

750 g	Wildschweinrückenfilet
4 EL	Olivenöl
	Salz
	frisch gemahlener Pfeffer
125 ml (⅛ l)	Wildfond
250 g	Schlagsahne
1 EL	Zitronensaft
3	Zwiebeln
6	Tomaten
1 Bund	glatte Petersilie
50 g	Pistazienkerne
125 ml (⅛ l)	Fleischbrühe oder Wildfond

Zubereitungszeit: 60 Minuten
Garzeit: etwa 20 Minuten

1. Für das Chutney Mangos längs halbieren und jeweils den Stein entfernen. Mangohälften schälen, das Fruchtfleisch in kleine Stücke schneiden und in einen Topf geben. Äpfel schälen, vierteln, entkernen, in kleine Stücke schneiden und hinzufügen.

2. Zucker, Salz, Pfeffer, Muskat, Paprika, Curry und Essig zu den Mango- und Apfelstücken geben. Die Zutaten zum Kochen bringen und unter gelegent-lichem Rühren etwa 10 Minuten kochen lassen, sodass ein Mus entsteht.

3. Ingwer schälen und fein würfeln. Die Rosinen und Ingwerwürfel zum Mus geben, unterrühren und etwa 5 Minuten weitergaren. Chutney mit den Gewürzen abschmecken.

4. Für das Wildschweingeschnetzelte Filet trocken tupfen, evtl. enthäuten und in gleich große Streifen schneiden.

5. Jeweils etwas Speiseöl in einem großen Bräter erhitzen. Fleischstreifen portionsweise darin anbraten, mit Salz und Pfeffer bestreuen. Den Fond hinzugießen, Sahne und Zitronensaft unterrühren. Zwiebeln abziehen, in kleine Würfel schneiden und zu den Fleischstreifen geben.

6. Tomaten abspülen, kreuzweise einschneiden und mit kochendem Wasser übergießen. Die Tomaten kurz in kaltem Wasser abschrecken, enthäuten, halbieren, entkernen und Stängelansätze herausschneiden. Die Tomaten in Achtel schneiden.

7. Petersilie abspülen und trocken tupfen. Die Blättchen von den Stängeln zupfen. Blättchen klein schneiden, einige Blättchen zum Garnieren beiseitelegen. Restliche Petersilie, Pistazienkerne und Brühe oder Fond zu den Fleischstreifen geben. Die Zutaten zum Kochen bringen und ohne Deckel etwa 10 Minuten bei schwacher Hitze garen. Geschnetzeltes mit Salz und Pfeffer abschmecken, mit dem Chutney servieren.

Beilage: Duftreis.

Wildschweinkeule, in Buttermilch eingelegte

Klassisch

4–5 Portionen

Pro Portion:

E: 46 g, F: 12 g, Kh: 4 g, kJ: 1366, kcal: 326

1 kg	*Wildschweinkeule ohne Knochen*
1–2 l	*Buttermilch*
1 Bund	*Suppengrün*
	(Möhre, Sellerie, Porree)
	Salz
	frisch gemahlener Pfeffer
	gerebelter Rosmarin
2 EL	*Speiseöl,*
	z. B. Sonnenblumenöl
400 ml	*heißer Wildfond*
5	*zerdrückte Wacholderbeeren*
125 ml (⅛ l)	*Gemüsebrühe*
125 g	*Champignons oder Pfifferlinge*

Außerdem:

Küchengarn

Zubereitungszeit: 45 Minuten, ohne Marinierzeit
Garzeit: etwa 2 Stunden

1. Wildschweinkeule unter fließendem kalten Wasser abspülen, trocken tupfen, evtl. enthäuten und mit Küchengarn zusammenbinden. Die Keule in Buttermilch legen und zugedeckt über Nacht in den Kühlschrank stellen.

2. Das Suppengrün putzen. Sellerie und Möhre schälen, abspülen und abtropfen lassen. Porree längs halbieren, gründlich abspülen und abtropfen lassen. Die vorbereiteten Zutaten klein schneiden.

3. Die Keule trocken tupfen und mit Salz, Pfeffer und Rosmarin einreiben. Öl in einem Bräter erhitzen. Das Fleisch darin rundherum gut anbraten. Das vorbereitete Suppengrün zugeben und kurz mit anbraten.

4. Etwas heißen Wildfond und Wacholderbeeren hinzufügen, zum Kochen bringen und das Fleisch etwa 2 Stunden zugedeckt bei mittlerer Hitze schmoren,

dabei von Zeit zu Zeit wenden. Verdampfte Flüssigkeit nach und nach durch etwas heißen Fond ersetzen.

5. Das gare Fleisch von dem Garn befreien und etwa 10 Minuten zugedeckt ruhen lassen, damit sich der Fleischsaft setzt. Anschließend das Fleisch in Scheiben schneiden, auf einer vorgewärmten Platte anrichten und warm stellen.

6. Den Bratensatz mit Brühe loskochen, pürieren und durch ein Sieb streichen. Champignons oder Pfifferlinge putzen, mit Küchenpapier abreiben, evtl. abspülen und trocken tupfen. Die Champignons in Scheiben schneiden. Pfifferlinge ganz lassen oder halbieren. Die Pilze in der Sauce etwa 5 Minuten gar ziehen lassen.

7. Ausgetretenen Fleischsaft unter die Sauce rühren. Die Sauce mit Salz, Rosmarin und Pfeffer würzen und zu dem Fleisch servieren.

Beilage: Kartoffelklöße und Wirsing.

Wildschweinmedaillons mit Sauerkirschen

Für Gäste
4 Portionen

Pro Portion:
E: 33 g, F: 21 g, Kh: 18 g, kJ: 1683, kcal: 402

650 g	*Frischlingsrücken ohne Knochen*
1	*Zwiebel*
100 g	*Austernpilze*
50 g	*Butter*
200 ml	*Wildfond*
1 Glas	*Sauerkirschen (Abtropfgewicht 295 g)*
2 EL	*Olivenöl*
	Salz, frisch gemahlener Pfeffer
100 ml	*Sauerkirschsaft aus dem Glas*
einige	*Minzeblättchen*

Zubereitungszeit: 45 Minuten

1. Frischlingsrücken unter fließendem kalten Wasser abspülen, trocken tupfen, evtl. enthäuten. Aus dem Fleisch 8 Medaillons (je etwa 80 g) schneiden.

2. Zwiebel abziehen und in kleine Würfel schneiden. Die Austernpilze putzen, mit Küchenpapier abreiben, evtl. abspülen, abtropfen lassen und in kleine Stücke schneiden.

3. Die Hälfte der Butter in einem Topf zerlassen. Die Zwiebelwürfel und Pilzstücke darin andünsten. Fond hinzugießen und erhitzen.

4. Sauerkirschen in einem Sieb abtropfen lassen, dabei den Saft auffangen und 100 ml abmessen.

5. Olivenöl in einer Pfanne erhitzen. Medaillons hinzugeben und von beiden Seiten etwa 5 Minuten braten, herausnehmen, mit Salz und Pfeffer bestreuen. Medaillons zugedeckt warm stellen.

6. Restliche Butter in die Pfanne geben und zerlassen. Den Bratensatz mit Saft loskochen. Die Sauerkirschen hinzufügen. Den Wildfond mit den Zwiebelwürfeln und Pilzstücken unterrühren, zum Kochen bringen und die Flüssigkeit auf die Hälfte einkochen lassen. Die Sauce mit Pfeffer würzen.

7. Die Medaillons mit der Sauerkirschsauce auf einer Platte anrichten, mit abgespülten, trocken getupften Minzeblättchen garnieren und anschließend sofort servieren.

Beilage: Kroketten oder Herzoginkartoffeln.

Wildschweinpfeffer in Tomatensauce

Für Gäste
6 Portionen

Pro Portion:
E: 38 g, F: 13 g, Kh: 15 g, kJ: 1516, kcal: 361

1 kg	*Wildschweinschulter ohne Knochen*
4 EL	*Speiseöl, z. B. Rapsöl*
	Salz
	frisch gemahlener Pfeffer
40 g	*Tomatenmark*
250 ml (¼ l)	*heißer Wildfond*
1 kg	*Fleischtomaten*
250 ml (¼ l)	*Fleischbrühe*
2	*Knoblauchzehen*
400 g	*Knollensellerie*

Für den Spargel:

1 kg	*grüner Spargel*
500 ml (½ l)	*Wasser*
1 gestr. TL	*Salz*
1 TL	*Butter*
1 Prise	*Zucker*
40 g	*Weizenmehl*
4 EL	*kaltes Wasser*
1 EL	*bunte Pfefferkörner*

Zubereitungszeit: 30 Minuten
Garzeit: etwa 60 Minuten

1. Das Fleisch unter fließendem kalten Wasser abspülen, mit Küchenpapier trocken tupfen, evtl. enthäuten und in etwa 2 cm große Stücke schneiden. Das Öl in einem Bräter erhitzen. Die Fleischwürfel unter Rühren darin anbraten und mit Salz und Pfeffer würzen. Das Tomatenmark unterrühren. Wildfond unterrühren und zum Kochen bringen.

2. Die Tomaten abspülen, kreuzweise einschneiden, mit kochendem Wasser übergießen, dann mit kaltem Wasser abschrecken. Tomaten enthäuten, halbieren und die Stängelansätze herausschneiden. Tomaten in Achtel schneiden.

3. Etwa die Hälfte der Tomaten mit in den Bräter geben, die restlichen Tomaten beiseitestellen. Brühe unterrühren. Das Ganze zum Kochen bringen und zugedeckt etwa 45 Minuten schmoren lassen. Gelegentlich das Fleisch umrühren.

4. Knoblauch abziehen und fein würfeln. Sellerie putzen, schälen, abspülen, abtropfen lassen und in kleine Würfel schneiden. Nach etwa 45 Minuten Garzeit den Sellerie und Knoblauch mit in den Bräter geben. Das Ganze zugedeckt weitere etwa 15 Minuten schmoren.

5. In der Zwischenzeit für den Spargel das untere Drittel des Spargels schälen, die unteren Enden abschneiden. Spargel in Stücke schneiden, abspülen und abtropfen lassen. Das Wasser mit Salz, Butter und Zucker in einem Topf zum Kochen bringen. Den Spargel darin zugedeckt 3–5 Minuten bissfest kochen, dann in einem Sieb abtropfen lassen und zugedeckt warm stellen.

6. Dann das Mehl mit Wasser anrühren und in den Wildschweinpfeffer einrühren. Die Sauce 3–5 Minuten kochen lassen, dabei gelegentlich umrühren. Pfefferkörner und restliche Tomatenachtel unterrühren und miterwärmen. Spargelstücke mit dem Wildschweinpfeffer servieren.

Beilage: Nudeln.

Wildschweinragout mit Perlzwiebeln

Klassisch
4 Portionen

Pro Portion:
E: 45 g, F: 42 g, Kh: 22 g, kJ: 2717, kcal: 650

800 g	Wildschweinfleisch aus der Keule
3	große Zwiebeln
6 EL	Speiseöl, z. B. Rapsöl
	Salz
	frisch gemahlener Pfeffer
3 EL	Tomatenmark
500 ml (½ l)	Fleischbrühe
10	zerdrückte Wacholderbeeren

Für das Gemüse:

500 g	junge Möhren
500 g	Staudensellerie
1 gestr. TL	Salz
75 g	Butter
25 g	Zucker

20	Perlzwiebeln (aus dem Glas)
4 Scheiben	durchwachsener Speck

Zubereitungszeit: 30 Minuten
Garzeit: etwa 60 Minuten

1. Wildschweinfleisch trocken tupfen, evtl. enthäuten, in etwa 2 cm große Würfel schneiden. Zwiebeln abziehen und fein würfeln.

2. Öl in einem Bräter erhitzen. Die Fleischwürfel darin in 2 Portionen von allen Seiten gut anbraten, mit Salz und Pfeffer bestreuen. Zwiebelwürfel dazugeben und kurz mitbraten.

3. Tomatenmark unterrühren. Brühe hinzugießen und Wacholderbeeren unterrühren. Ragout zugedeckt etwa 60 Minuten garen, dabei gelegentlich umrühren.

4. Für das Gemüse Möhren putzen, schälen, abspülen und abtropfen lassen. Den Staudensellerie putzen, abspülen, abtropfen lassen und die harten Außenfäden abziehen. Die Stangen in etwa 7 cm lange Stücke schneiden.

5. Wasser mit Salz in einem Topf zum Kochen bringen. Die Möhren darin etwa 8 Minuten und die Selleriestücke etwa 5 Minuten nacheinander kochen, danach in einem Sieb abtropfen lassen.

6. Die Butter in einer Pfanne zerlassen. Gemüse hinzufügen, mit Salz würzen und mit Zucker bestreuen. Gemüse unter Rühren glasieren, bis der Zucker karamellisiert ist.

7. Die Perlzwiebeln in einem Sieb abtropfen lassen und nach etwa 50 Minuten Garzeit mit in den Bräter geben. Das Ragout nochmals mit Salz und Pfeffer abschmecken.

8. Speck in feine Streifen schneiden und kurz vor dem Servieren in einer Pfanne knusprig braten. Wildragout mit dem ausgebratenen Speck und Gemüse servieren.

Beilage: Semmelklöße.

Wildschweinrouladen
Für Gäste
4 Portionen

Pro Portion:
E: 51 g, F: 42 g, Kh: 15 g, kJ: 2668, kcal: 637

4	Zwiebeln
40 g	Butter
8	gekochte Esskastanien
200 g	Schweinemett
3 EL	Schlagsahne
	gerebelter Thymian
	gerebelter Rosmarin
	Salz
	frisch gemahlener Pfeffer
8	dünne Wildschweinschnitzel aus der Keule geschnitten (je etwa 100 g)
2	Möhren
50 g	Knollensellerie
50 g	Butterschmalz
2 EL	Tomatenmark
400 ml	Wildfond
100 ml	Wasser

Außerdem:

8	Rouladennadeln oder Holzstäbchen

Zubereitungszeit: 35 Minuten
Garzeit: etwa 45 Minuten

1. Zwiebeln abziehen und fein hacken. Die Butter zerlassen und die Hälfte der Zwiebeln darin andünsten. Anschließend die Kastanien hacken, mit Mett, Zwiebeln, Sahne, Thymian, Rosmarin, Salz und Pfeffer vermengen.

2. Die Schnitzel trocken tupfen, mit Salz und Pfeffer würzen, mit der Mettmasse bestreichen. Die Schnitzel aufrollen, mit Rouladennadeln oder Holzstäbchen feststecken.

3. Möhren und Sellerie putzen, schälen, abspülen, abtropfen lassen und zerkleinern.

4. Butterschmalz in einem Bräter erhitzen. Die Rouladen darin anbraten. Gemüse, restliche Zwiebelwürfel und Tomatenmark zugeben und mitdünsten. Fond und Wasser angießen. Die Rouladen zugedeckt etwa 45 Minuten schmoren.

5. Rouladen aus der Sauce nehmen und zugedeckt warm stellen. Sauce pürieren, etwa einkochen lassen, mit Salz und Pfeffer würzen und zu den Rouladen reichen.

Beilage: Kartoffeln oder Bandnudeln und Brokkoligemüse.

Tipp: Die Wildschweinrouladen mit Thymianstängeln garniert servieren.

Wildschweinrücken mit Pastinakengemüse

Mit Alkohol – raffiniert
4 Portionen

Pro Portion:
E: 46 g, F: 48 g, Kh: 44 g, kJ: 3474, kcal: 830

400 ml	Wildfond
200 ml	trockener Rotwein
750 g	Wildschweinrücken ohne Knochen
	Salz
	frisch gemahlener Pfeffer
4 EL	Speiseöl, z. B. Rapsöl
2	Möhren
2	Eigelb (Größe M)
4 EL	gehackte Haselnusskerne
4 EL	Semmelbrösel
400 g	TK-Kroketten
800 g	Pastinaken
6 EL	Wasser
40 g	Butter
60 g	eiskalte Butter
2 EL	fein gehackte Petersilie

Zubereitungszeit: 40 Minuten

1. Den Wildfond mit Rotwein in einen Topf geben, zum Kochen bringen und etwas einkochen lassen.

2. In der Zwischenzeit den Backofen vorheizen.
Ober-/Unterhitze: etwa 200 °C
Heißluft: etwa 180 °C

3. Wildschweinrücken unter fließendem kalten Wasser abspülen, mit Küchenpapier trocken tupfen, evtl. enthäuten und mit Salz und Pfeffer würzen. Öl in einer Pfanne erhitzen. Den Wildschweinrücken darin von allen Seiten gut anbraten.

4. Möhren putzen, schälen, abspülen, abtropfen lassen und in feine Würfel schneiden. Möhrenwürfel mit Eigelb, Haselnüssen und Semmelbröseln vermischen.

5. Masse mit Salz und Pfeffer würzen, auf den Wildschweinrücken streichen und fest andrücken. Wildschweinrücken mit den Kroketten auf ein Backblech (mit Backpapier belegt) legen. Das Backblech in den vorgeheizten Backofen schieben. Das Fleisch und die Kroketten 15–20 Minuten garen (dabei für die Kroketten die Packungsanleitung beachten).

6. Von den Pastinaken Grün und Spitzen abschneiden, Pastinaken schälen, abspülen, abtropfen lassen und in dünne Scheiben schneiden. Die Pastinakenscheiben mit Wasser und der Butter in einem Topf zum Kochen bringen und etwa 5 Minuten köcheln lassen, mit Salz abschmecken.

7. Eingekochten Wild-Rotwein-Fond von der Kochstelle nehmen und die eiskalte Butter einrühren (nicht mehr kochen lassen).

8. Den Wildschweinrücken in Scheiben schneiden, mit Kroketten, Pastinakengemüse und der Sauce servieren und mit Petersilie garnieren.

Wildschweinrücken mit Pumpernickelklößen

Mit Alkohol – dauert länger

6 Portionen

Pro Portion:

E: 54 g, F: 38 g, Kh: 60 g, kJ: 3491, kcal: 834

1,2 kg	Wildschweinrücken ohne Knochen
180 g	Zwiebeln
150 g	Knollensellerie
4 EL	Speiseöl, z. B. Rapsöl
	Salz, frisch gemahlener Pfeffer
6–8	zerdrückte Wacholderbeeren
knapp 1/4 TL	gemahlene Gewürznelken
300 ml	trockener Rotwein, z. B. Dornfelder
200 ml	Gemüsebrühe

Für die Klöße:

3	Brötchen (Semmeln) vom Vortag (etwa 200 g)
250 g	Pumpernickel
100 g	Lebkuchen ohne Schokolade oder Saucenlebkuchen
1 Bund	Schnittlauch
3	Eier (Größe M)
150 ml	Milch
60 g	gehackte Mandeln
80 g	Rosinen
3 EL	Hartweizengrieß
80 g	eiskalte Butter

Zubereitungszeit: 60 Minuten
Garzeit: etwa 90 Minuten

1. Den Backofen bei Ober-/Unterhitze auf 95 °C vorheizen. Wildschweinrücken unter fließendem kalten Wasser abspülen und trocken tupfen, evtl. enthäuten. Zwiebeln abziehen. Sellerie schälen, abspülen und abtropfen lassen. Zwiebeln und Sellerie in kleine Würfel schneiden.

2. Das Öl in einem Bräter erhitzen. Das Fleisch mit Salz, Pfeffer, Wacholderbeeren und Nelken würzen, in dem Bräter von allen Seiten etwa 5 Minuten anbraten. Zwiebel- und Selleriewürfel hinzufügen, kurz mit anbraten. Rotwein und Brühe hinzugießen, kurz aufkochen lassen.

3. Den Bräter auf dem Rost im unteren Drittel in den vorgeheizten Backofen schieben. Den Wildschweinrücken etwa 90 Minuten garen.

4. Etwa 45 Minuten vor dem Ende der Garzeit für die Klöße die Brötchen vierteln, in dünne Scheiben schneiden und in eine Schüssel geben. Pumpernickel und Lebkuchen fein zerbröseln, hinzufügen. Schnittlauch abspülen, trocken tupfen und in feine Röllchen schneiden.

5. Eier mit Milch verschlagen. Die Eiermilch zu den Bröseln in die Schüssel gießen. Schnittlauchröllchen, Mandeln, Rosinen und Grieß hinzufügen und das Ganze gut vermengen.

6. Mit angefeuchteten Händen einen kleinen Probekloß formen. In einem großen Topf Salzwasser zum Kochen bringen. Den Probekloß hineingeben und etwas ziehen lassen. Wenn der Probekloß nicht auseinanderfällt, aus der restlichen Kloßmasse 12 Klöße formen. Sollte der Probekloß auseinanderfallen, noch 1–2 Esslöffel Semmelbrösel unter die Masse kneten. Die Klöße in das kochende Salzwasser geben. Die Klöße bei schwacher Hitze etwa 20 Minuten gar ziehen lassen.

7. Den Wildschweinrücken aus dem Bräter nehmen, in Scheiben schneiden und warm stellen. Den Bratensud durch ein Sieb in einen Topf gießen und aufkochen lassen, mit Salz und Pfeffer abschmecken.

8. Die garen Klöße mit einer Schaumkelle aus dem Topf nehmen und etwas abtropfen lassen. Butter in die Sauce geben und kurz pürieren, mit Klößen und Wildschweinrücken servieren.

Beilage: In Butter gebratene Apfelscheiben.

Tipps: Garnieren Sie das Gericht nach Belieben mit Petersilie. Hinweise zum Niedertemperaturgaren finden Sie im Ratgeberteil auf S. 157.

Wildschweinsauce mit Bandnudeln

Mit Alkohol
4 Portionen

Pro Portion:
E: 31 g, F: 19 g, Kh: 77 g, kJ: 2670, kcal: 638

Für die Marinade:

1	große Zwiebel
2	Knoblauchzehen
2 Stangen	Staudensellerie
2	Möhren
10 Stängel	Petersilie
1	Lorbeerblatt
500 ml (½ l)	Rotwein
250 g	Wildschweinfleisch aus der Keule

Für die Sauce:

4 EL	Olivenöl
	Salz
	frisch gemahlener Pfeffer
	Rosmarinnadeln
200 ml	Weißwein
40 g	Tomatenmark
500 ml (½ l)	Wildfond oder Gemüsebrühe
4 l	Wasser
4 gestr. TL	Salz
400 g	Bandnudeln
1 EL	Weizenmehl
40 g	frisch gehobelter Pecorino-Käse

Zubereitungszeit: 30 Minuten, ohne Marinierzeit
Garzeit: etwa 65 Minuten

1. Für die Marinade Zwiebel und Knoblauch abziehen, in kleine Würfel schneiden. Sellerie putzen und die harten Außenfäden abziehen. Sellerie abspülen, abtropfen lassen und in Stücke schneiden. Möhren putzen, schälen, abspülen, abtropfen lassen und in Würfel schneiden. Petersilie abspülen und trocken tupfen. Die Blättchen von den Stängeln zupfen. Die Blättchen klein schneiden.

2. Die vorbereiteten Gemüsezutaten mit dem Lorbeerblatt in eine Schüssel geben. Rotwein hinzugießen.

3. Das Wildschweinfleisch mit Küchenpapier trocken tupfen, evtl. enthäuten. Fleisch in etwa 1 cm große Würfel schneiden und in die Marinade geben. Fleischwürfel im Kühlschrank zugedeckt etwa 12 Stunden marinieren.

4. Fleischwürfel herausnehmen und trocken tupfen. Die Marinadezutaten in einem Sieb gut abtropfen lassen. Das Lorbeerblatt entfernen.

5. Für die Sauce das Olivenöl in einer Pfanne erhitzen. Fleischwürfel hinzufügen und von allen Seiten anbraten, mit Salz, Pfeffer und Rosmarin würzen. Etwas Wein hinzugießen, zum Kochen bringen, etwa 45 Minuten garen, dabei nach und nach den restlichen Wein hinzugeben.

6. Mariniertes Gemüse hinzufügen. Tomatenmark unterrühren. Fond oder Brühe hinzugießen, wieder zum Kochen bringen und weitere etwa 15 Minuten garen.

7. In der Zwischenzeit Wasser in einem großen Topf mit geschlossenem Deckel zum Kochen bringen. Dann Salz und Nudeln zugeben. Die Nudeln im geöffneten Topf bei mittlerer Hitze nach Packungsanleitung kochen lassen, dabei gelegentlich umrühren.

8. Dann die Nudeln in ein Sieb geben, mit heißem Wasser abspülen und abtropfen lassen. Nudeln evtl. warm stellen.

9. Mehl mit Wasser anrühren und in die Sauce einrühren. Sauce kurz aufkochen, etwa 5 Minuten köcheln lassen und nochmals abschmecken. Die Bandnudeln mit Wildschweinsauce und Pecorino-Käse servieren.

Wildschweinschinken mit Feldsalat und Wacholder-Zwetschen-Vinaigrette

Mit Alkohol – schnell

8 Portionen

Pro Portion:

E: 7 g, F: 9 g, Kh: 9 g, kJ: 702, kcal: 167

500 g	Feldsalat

Für die Vinaigrette:

2 EL	Zucker
5	Wacholderbeeren
etwas	Gin
200 ml	Rotwein
100 ml	Geflügelbrühe
12	Zwetschen
3 EL	Rotweinessig
6 EL	Traubenkernöl
	Salz
	frisch gemahlener Pfeffer

250 g	hauchdünn geschnittener Wildschweinschinken

Zubereitungszeit: 25 Minuten, ohne Abkühlzeit

1. Feldsalat putzen, waschen, abtropfen lassen und trocken schleudern.

2. Für die Vinaigrette Zucker in einer Pfanne ohne Fett hellbraun karamellisieren lassen. Die Wacholderbeeren zerdrücken, zum Karamell geben und kurz mit anrösten, Gin unterrühren. Rotwein und Brühe hinzugießen, zum Kochen bringen und um etwa die Hälfte einkochen lassen.

3. Zwetschen abspülen, abtrocknen, halbieren und entsteinen. Das Fruchtfleisch in kleine Würfel schneiden und unter die Vinaigrette rühren. Die Vinaigrette nochmals kurz aufkochen und in eine Schüssel geben. Essig unterrühren. Nach und nach langsam das Traubenkernöl unterrühren. Anschließend Vinaigrette mit Salz und Pfeffer abschmecken, etwas abkühlen lassen.

4. Feldsalat in eine Schüssel geben, mit der Vinaigrette vermengen und auf einem großen Teller anrichten. Die Schinkenscheiben dachziegelartig um den Salat legen und sofort servieren.

Wildschweinschnitzel „Sardische Art"

Raffiniert

4 Portionen

Pro Portion:
E: 34 g, F: 7 g, Kh: 30 g, kJ: 1361, kcal: 325

Für die Sauce:

100 g	*Backpflaumen ohne Stein*
30 g	*Zucker*
4 EL	*Weißweinessig*
3	*Lorbeerblätter*
4	*Wacholderbeeren*
50 g	*Rosinen*
1 Prise	*gemahlener Zimt*
	frisch geriebene Muskatnuss
	Salz
	frisch gemahlener Pfeffer
4	*Wildschweinschnitzel (je etwa 150 g)*
70 g	*durchwachsener Speck*
2 EL	*Olivenöl*

Zubereitungszeit: 40 Minuten
Garzeit: 8–10 Minuten

1. Für die Sauce Pflaumen in kleine Stücke schneiden. Zucker, Essig, Lorbeer und Wacholderbeeren in einem Topf aufkochen lassen, bis der Zucker gelöst ist.

2. Rosinen und Pflaumenstücke hinzufügen, mit Zimt, Muskat, Salz und Pfeffer würzen. Die Zutaten zum Kochen bringen und bei schwacher Hitze unter Rühren etwa 10 Minuten kochen lassen, bis die Sauce sämig wird.

3. Schnitzel mit Küchenpapier trocken tupfen. Speck in kleine Würfel schneiden.

4. Olivenöl in einer Pfanne erhitzen. Die Speckwürfel darin auslassen und herausnehmen. Schnitzel hinzufügen und von beiden Seiten 8–10 Minuten braten. Schnitzel mit Salz und Pfeffer bestreuen. Die Schnitzel in die Sauce geben und einige Minuten ziehen lassen.

Beilage: In Butter geschwenkte Gnocchi und Tomatenwürfel.

Wildschweinschulter in Burgundersauce

Mit Alkohol – dauert länger
4 Portionen

Pro Portion:
E: 49 g, F: 11 g, Kh: 32 g, kJ: 1929, kcal: 461

900 g	Wildschweinschulter ohne Knochen
	Salz
	frisch gemahlener Pfeffer
einige	Lorbeerblätter
2 EL	Speiseöl, z. B. Rapsöl
200 g	kleine, braune Champignons
160 g	Pfifferlinge oder 1 Dose kleine Pfifferlinge (Abtropfgewicht 165 g)
200 g	Austernpilze
120 g	Rosinen
100 g	Preiselbeeren (aus dem Glas)
einige	Wacholderbeeren
1 kleine Stange	Zimt
1	Lorbeerblatt
200 ml	Rotwein (Burgunder)
200 ml	Wildfond oder Fleischbrühe

Außerdem:
evtl. etwas Küchengarn

Zubereitungszeit: 30 Minuten
Garzeit: etwa 2½ Stunden

1. Die Wildschweinschulter unter fließendem kalten Wasser abspülen, mit Küchenpapier trocken tupfen, evtl. enthäuten, mit Salz und Pfeffer würzen.

2. Wildschweinschulter evtl. mit Küchengarn zu einem Rollbraten zusammenbinden, unter die Fäden die Lorbeerblätter schieben. Oder die Lorbeerblätter auf den Braten legen.

3. Speiseöl in einer Pfanne erhitzen. Die Wildschweinschulter darin von allen Seiten gut anbraten.

4. Pilze putzen, mit Küchenpapier abreiben, evtl. kurz abspülen und gut trocken tupfen. Pfifferlinge aus der Dose in einem Sieb gut abtropfen lassen.

5. Die Pilze in eine Schüssel geben. Die Rosinen und Preiselbeeren gut untermischen, mit Salz, Pfeffer, zerdrückten Wacholderbeeren, Zimt und Lorbeerblatt würzen.

6. Die Pilzmischung in einen gewässerten Römertopf® (3-Liter-Inhalt) geben, dabei die Herstelleranleitung beachten. Die Wildschweinschulter darauflegen. Rotwein und Fond oder Brühe hinzugießen.

7. Den Römertopf® mit dem Deckel verschließen und auf dem Rost im unteren Drittel in den kalten Backofen schieben.
Ober-/Unterhitze: etwa 220 °C
Heißluft: etwa 200 °C
Die Wildschweinschulter etwa 2½ Stunden garen.

Tipp: Statt Wildschweinschulter können Sie auch eine Wildschwein- oder Hirschkeule verwenden.

Wildschweinspieße mit buntem Gemüse

Mit Alkohol
4 Portionen

Pro Portion:
E: 45 g, F: 44 g, Kh: 51 g, kJ: 3375, kcal: 807

750 g	*Wildschweinrücken mit Knochen*
	Salz
	frisch gemahlener Pfeffer
1 gestr. TL	*Paprikapulver edelsüß*
150 g	*durchwachsener Speck*
	in dünnen Scheiben
5	*rote Zwiebeln*
400 g	*Staudensellerie*
je 2	*grüne und gelbe Paprikaschoten*

Für die gebackenen Kartoffeln:

1 kg	*gleich große, gegarte Pellkartoffeln*
5 EL	*Olivenöl*
	Paprikapulver edelsüß
6–8 EL	*Speiseöl, z. B. Olivenöl*

Für die Pfeffersauce:

125 ml (⅛ l)	*trockener Rotwein*
2 TL	*bunte Pfefferkörner*
1 EL	*Weizenmehl*
100 g	*Schlagsahne*
1 EL	*Himbeergelee*

Außerdem:

8	*Schaschlikspieße*

Zubereitungszeit: 45 Minuten

1. Das Fleisch vom Knochen schneiden, unter fließendem kalten Wasser abspülen, trocken tupfen, evtl. enthäuten und in etwa 2 cm große Würfel schneiden. Fleischwürfel mit Salz, Pfeffer und Paprikapulver bestreuen und mit Speckscheiben umwickeln.

2. Zwiebeln abziehen und vierteln. Sellerie putzen und die harten Außenfäden abziehen. Sellerie abspülen, abtropfen lassen und dann in etwa 2 cm lange Stücke schneiden. Paprika halbieren, entstielen, entkernen

und die weißen Scheidewände entfernen. Schoten abspülen, abtropfen lassen und in Stücke schneiden.

3. Den Backofen vorheizen.
Ober-/Unterhitze: etwa 200 °C
Heißluft: etwa 180 °C

4. Für die gebackenen Kartoffeln Pellkartoffeln pellen und in Stücke schneiden. Ein Backblech mit etwas Olivenöl bestreichen. Kartoffelstücke darauflegen, mit dem restlichen Olivenöl beträufeln und mit Paprikapulver bestreuen. Das Backblech in den vorgeheizten Backofen schieben. Kartoffeln etwa 15 Minuten garen.

5. In der Zwischenzeit abwechselnd Fleisch- und Gemüsestücke auf die Schaschlikspieße stecken. Das Speiseöl in einer großen Pfanne erhitzen. Die Spieße darin (evtl. in 2 Portionen) unter Wenden 10–12 Minuten braten. Spieße aus der Pfanne nehmen und warm stellen.

6. Für die Pfeffersauce Rotwein in die Pfanne gießen und den Bratensatz loskochen. Pfefferkörner hinzufügen. Mehl mit Sahne anrühren, in die Sauce einrühren und die Sauce etwa 10 Minuten köcheln lassen. Sauce mit Salz, Pfeffer und Himbeergelee abschmecken.

Wildschweinsteaks mit Bohnen-Pfifferlings-Gemüse

Einfach

4 Portionen

Pro Portion:

E: 39 g, F: 22 g, Kh: 5 g, kJ: 1546, kcal: 368

4	*Wildschweinsteaks*
	(je etwa 180 g)
	Salz, frisch gemahlener Pfeffer
2 EL	*Speiseöl,*
	z. B. Sonnenblumenöl
1 große	
Dose	*grüne Bohnen*
	(Abtropfgewicht 500 g)
1 kleine	
Dose	*Pfifferlinge*
	(Abtropfgewicht 110 g)
100 g	*geräucherter Speck*
2	*Zwiebeln*
1 TL	*gerebeltes Bohnenkraut*
30 g	*Butter*

Zubereitungszeit: 40 Minuten

1. Den Backofen bei Ober-/Unterhitze auf 80 °C vorheizen und einen großen, feuerfesten Teller auf einem Rost auf mittlerer Einschubleiste miterwärmen. Wildschweinsteaks trocken tupfen, mit Salz und Pfeffer bestreuen.

2. Das Speiseöl in einer großen Pfanne erhitzen. Die Steaks darin von jeder Seite etwa 2 Minuten anbraten. Dann die Steaks auf dem vorgewärmten Teller in den Backofen schieben und 15–20 Minuten garen.

3. Bohnen und Pfifferlinge in einem Sieb abtropfen lassen. Speck in kleine Würfel schneiden. Zwiebeln abziehen und fein würfeln.

4. Die Speckwürfel in der Pfanne mit dem Bratensatz auslassen. Dann die Speckgrieben aus der Pfanne nehmen. Die Bohnen in der Pfanne erhitzen und mit Bohnenkraut, Salz und Pfeffer abschmecken. Bohnen aus der Pfanne nehmen und warm stellen.

5. Die Hälfte der Butter in der Pfanne zerlassen. Die Pfifferlinge darin anbraten, mit Salz und Pfeffer abschmecken. Die Pfifferlinge ebenfalls warm stellen. Restliche Butter in der Pfanne zerlassen. Die Zwiebelwürfel unter Rühren darin glasig dünsten.

6. Die Wildschweinsteaks mit dem Bohnen-Pfifferlings-Gemüse auf vorgewärmten Tellern anrichten. Dann die Zwiebelwürfel über die Bohnen geben.

Beilage: Bratkartoffeln.

Tipp: Hinweise zum Niedertemperaturgaren finden Sie im Ratgeberteil auf S. 157.

Wildsugo
Einfach
3–4 Portionen

Pro Portion:
E: 24 g, F: 12 g, Kh: 10 g, kJ: 1046, kcal: 249

300–400 g	*Hirschfleisch*
2	*Zwiebeln*
2	*Knoblauchzehen*
1	*Möhre*
3 EL	*Olivenöl*
3 EL	*Tomatenmark*
250 ml (¼ l)	*Fleischbrühe oder Wildfond*
1 Zweig	*Rosmarin*
1 Dose	*geschälte Tomaten (Einwaage 800 g)*
evtl. 1	*Lorbeerblatt*
	Salz, frisch gemahlener Pfeffer

Zubereitungszeit: 20 Minuten
Garzeit: etwa 75 Minuten

1. Das Hirschfleisch mit Küchenpapier trocken tupfen, evtl. enthäuten und in etwa 1 cm große Würfel schneiden. Zwiebeln und Knoblauch abziehen. Die Möhre putzen, schälen, abspülen und abtropfen lassen. Zwiebeln, Knoblauch und Möhre klein würfeln.

2. Olivenöl in einem Topf erhitzen. Die Fleischwürfel darin von allen Seiten gut anbraten. Gemüsewürfel hinzugeben und mit anbraten. Tomatenmark unterrühren und etwa 1 Minute mitbraten. Brühe oder Fond hinzugießen, zum Kochen bringen und einkochen lassen.

3. Rosmarin abspülen und trocken tupfen. Geschälte Tomaten, Rosmarin und Lorbeerblatt unterrühren.

4. Wildsugo zugedeckt etwa 75 Minuten bei mittlerer Hitze schmoren lassen, dabei gelegentlich umrühren. Sugo mit Salz und Pfeffer abschmecken.

Tipp: Wildsugo mit Bandnudeln, frisch gehobeltem Parmesan-Käse und Rotwein servieren.

Wildterrine mit Beeren
Mit Alkohol
10 Portionen

Pro Portion:
E: 35 g, F: 23 g, Kh: 7 g, kJ: 1636, kcal: 391

350 g	*Rehrückenfilet*
2 EL	*Speiseöl, z. B. Rapsöl*
	frisch gemahlener Pfeffer

Für die Terrine:

750 g	*gemischtes Wildfleisch*
	z. B. Hirsch, Reh und Wildschwein
100 g	*mild geräucherter Speck*
4 EL	*trockener Rotwein*
4 EL	*Armagnac oder Cognac*
125 g	*Schlagsahne*
50 g	*gehackte Pistazienkerne*
1	*Ei (Größe M)*
100 g	*enthäutete, fein gewürfelte*
	Reh- oder Geflügelleber
	Salz
etwa 2 TL	*Pastetengewürz*

etwa 400 g	*fetter Speck in großen,*
	dünnen Scheiben
300–400 g	*frische, gemischte Beeren*

Zubereitungszeit: 40 Minuten, ohne Abkühlzeit
Garzeit: 80–90 Minuten

1. Rehrückenfilet mit Küchenpapier trocken tupfen und evtl. enthäuten. Öl in einer Pfanne erhitzen. Rehrückenfilet darin von allen Seiten gut anbraten. Dann mit Pfeffer bestreuen und erkalten lassen.

2. Für die Terrine Fleisch trocken tupfen, evtl. enthäuten und grob würfeln. Den Speck grob würfeln und mit den Fleischwürfeln durch die grobe Scheibe des Fleischwolfs drehen. Oder die Fleischstücke mit dem Speck für etwa 10 Minuten tiefgefrieren und dann mit einem Blitzhacker grob pürieren.

3. Den Backofen vorheizen.
Ober-/Unterhitze: etwa 200 °C
Heißluft: etwa 180 °C

4. Fleischmasse mit Wein, Armagnac oder Cognac, Sahne, Pistazien, Ei und Leber vermengen, mit Salz, Pfeffer und Pastetengewürz kräftig abschmecken,

5. Das Filet mit einigen Speckscheiben umwickeln. Eine hitzebeständige Kasten- oder Terrinenform (etwa 30 x 11 cm, gefettet) mit den restlichen Speckscheiben auslegen. Die Hälfte der Fleischmasse hineingeben und verstreichen, umwickeltes Filet darauflegen. Die restliche Fleischmasse darauf verstreichen.

6. Die Form mit Alufolie verschließen und in einen Bräter oder in eine Fettpfanne stellen. Den Bräter oder die Fettpfanne mit so viel heißem Wasser füllen, dass die Form zu etwa zwei Dritteln im Wasserbad steht. Den Bräter auf einem Rost oder die Fettpfanne auf mittlerer Einschubleiste in den vorgeheizten Backofen schieben. Die Terrine 80–90 Minuten garen.

7. Vorsichtig etwas von dem ausgetretenen Fett abgießen und die Terrine erkalten lassen.

8. Beeren abspülen, abtropfen lassen und entstielen. Die Terrine stürzen, in Scheiben schneiden und mit den Beeren servieren.

Beilage: Reichen Sie dazu Baguette und Cumberlandsauce. Für die **Cumberlandsauce** 250 g rote Johannisbeeren abspülen, abtropfen lassen, von den Rispen streifen. Johannisbeeren leicht zerdrücken. 5 Esslöffel Zucker unterrühren. Jeweils 1 Bio-Zitrone und Orange (unbehandelt, ungewachst) heiß abwaschen, abtrocknen und jeweils ein 5 cm langes Stück Schale ganz dünn abschneiden und in sehr feine Streifen schneiden. Früchte halbieren und auspressen. 1 Zwiebel abziehen und würfeln. 15 g Butter zerlassen. Die Zwiebelwürfel darin anbraten. Zitrussaft hinzugießen und die Beeren einrühren. 1 Teelöffel Senf- und 3 Pfefferkörner im Mörser zerstoßen und in die Sauce geben. 1 Esslöffel Speisestärke mit 2 Esslöffeln kaltem Wasser anrühren und in die Sauce einrühren. Die Sauce aufkochen lassen und etwa 5 Minuten köcheln lassen. Die Sauce mit 1 Messerspitze gemahlenem Ingwer, etwa 1 Esslöffel Worcestersauce, Salz und Cayennepfeffer abschmecken. Mit den übrigen Gewürzen pikant abschmecken, etwa 5 Minuten kochen, dann erkalten lassen und mit Orangenstreifen bestreuen.

Wildtiere wachsen in ihrer natürlichen Umgebung weitgehend unbelastet von Stress auf. So hat ihr Fleisch einen besonderen, unverwechselbaren Geschmack. Zudem ist das meiste Wildfleisch von Natur aus fettarm, reich an biologisch hochwertigem Eiweiß, B-Vitaminen, Eisen und Kalium.

Wildsaisonzeiten

Die Jagd- und Schonzeiten der Wildtiere sind abhängig vom Lebenszyklus der Wildarten und werden regional festgelegt.

Aber Wild wird heutzutage auch von Züchtern oder als Tiefkühlware angeboten, sodass man nicht mehr unbedingt an die jeweilige Jagdzeit gebunden ist.

Einteilung der Wildarten

Die Hauptunterscheidung von Wild ist die von Haar- und Federwild. Zum **Haarwild** gehören:

- Rehwild mit seinem rotbraunen, besonders zarten und fettarmen Fleisch. Für Braten eignet sich am besten Fleisch vom Rehrücken und der Rehkeule. Damit dieses aromatische Fleisch während des Garens nicht austrocknet, kann man es mit Speckscheiben belegen.
- Rotwild (Hirsch) hat sehr zartes, feinfaseriges, dunkles Fleisch.
- Damwild (Damhirsch) hat zarteres Fleisch als Rotwild und es ist auch mehr mit Fettadern durchzogen. Geschmacklich ähnelt es dem Rehwild.
- Schwarzwild (Wildschwein) eignet sich herrlich für saftige Braten, Steaks und Ragouts. Das Fleisch sollte von jungen Tieren stammen, denn bei älteren Wildschweinen ist das Fleisch nicht nur zäher, sondern auch fetter und schwerer verdaulich; viele mögen dann auch den intensiveren Wildgeschmack nicht.
- Hasen (Feldhasen) haben bis zu einem Alter von 8 Monaten ein sehr zartes, rotbraunes Fleisch. Die Fleischqualität ist aber nicht nur abhängig vom Alter der Tiere, sondern auch von ihrem Lebensraum.
- Wildkaninchen haben ein sehr zartes und fettarmes Fleisch, welches leicht verdaulich ist. Das weiße Kaninchenfleisch ist reich an Eiweiß, aber arm an Fett und Cholesterin.

Zum **Federwild** gehören unter anderem folgende Wildarten:

- Fasane, Wachteln, Wildtauben, Wildenten, Wildgänse (die es aber nur selten bei uns zu kaufen gibt).

Einkauf von Wildfleisch

Wildfleisch kann man frisch und/oder tiefgefroren direkt beim Jäger oder Forstamt, in Wildverarbeitungsbetrieben und im Supermarkt kaufen. Beim Metzger ist meist auch eine Wildfleischbestellung möglich. Frisches Wildfleisch erhält man jedoch nur zur jeweiligen Jagdsaison. Beim Kauf von Wildfleisch ist es wichtig, auf die Farbe und den Geruch des Fleisches zu achten. Das Fleisch sollte gut abgehangen sein.

Wild vorbereiten

Wildfleisch ist meistens nicht so sorgfältig enthäutet und entsehnt wie das Fleisch von Schlachttieren. Deshalb müssen die meisten Wildstücke noch enthäutet und evtl. auch entsehnt werden.

Wildfleisch enthäuten

Um das Wildfleisch (außer Federwild) von der Haut zu befreien, fährt man mit einem spitzen, scharfen Messer dicht unter die Haut und hebt diese in Schneidbewegungen vom Fleisch ab (siehe Foto). Um die Sehnen zu entfernen, fährt man mit dem Messer an den Strängen entlang und zieht sie vorsichtig aus dem Fleisch heraus.

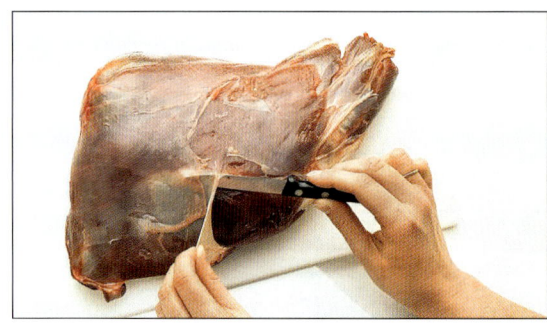

Wild bardieren

Bardieren ist das Umwickeln von fettarmen Fleischstücken mit Speckscheiben. So werden diese vor dem

Austrocknen beim Garen bewahrt. Das Fleischstück wird dazu mit fetten oder durchwachsenen Speckscheiben umwickelt, die mit Küchengarn festgebunden werden. Nach dem Garen kann der Speck wieder entfernt werden. Das früher beliebte Spicken von Wildfleisch wird heute nicht mehr empfohlen. Denn das feinfaserige Fleisch wird durch die Spicknadeln verletzt und so das Gegenteil von dem erreicht, was eigentlich mit dem Spicken bezweckt wird: Der Fleischsaft tritt aus und das Fleisch wird trocken.

Wild beizen (marinieren)

Die guten Kühlmöglichkeiten beim Reifen (Abhängen) sorgen heute dafür, dass man Wildfleisch nicht mehr unbedingt beizen muss. Während der Reifung wird das Fleisch zart und entwickelt seinen charakteristischen Geschmack. Früher, als Wild noch nicht bei kontrollierter Kühlung reifen konnte, entstand mit Beginn des Zersetzungsprozesses ein strenger Geschmack und Geruch (auch als Hautgout bezeichnet). Durch das Beizen des Fleisches in Buttermilch-, Essig- oder Weinbeize sollte dieser spezielle Geschmack und Geruch gemildert werden. Heutzutage beizt man Wild, um ein bestimmtes Geschmacksaroma zu erzeugen oder um älteres, festes Fleisch etwas zarter zu machen.

Für eine **Rotweinmarinade** zum Beispiel benötigen Sie: Je 2 geputzte, grob gewürfelte Zwiebeln und Möhren, 1 geputzten, grob gewürfelten Knollensellerie, 2 abgespülte Thymianstängel, 1 Esslöffel zerdrückte Wacholderbeeren, 1 Esslöffel Pfefferkörner, 4 Gewürznelken, 2 Lorbeerblätter und 1 Liter trockenen Rotwein. Die Gemüsestücke mit den Gewürzen vermengen und mit dem Fleisch in eine Schüssel geben. Das Fleisch mit dem Wein übergießen und mit Frischhaltefolie zugedeckt 12–24 Stunden im Kühlschrank marinieren. Das Fleisch muss vollständig mit der Marinade bedeckt sein. Die Marinade nicht salzen, da Salz das Fleisch austrocknet.

Wild einfrieren

Wildfleisch eignet sich zum Einfrieren. Das Fleisch wird dadurch mürber. Vor dem Einfrieren sollte das Fleisch vom Haarwild enthäutet, evtl. entsehnt und portioniert werden. Bei -18 °C kann das Fleisch 8–10 Monate gelagert werden.
Federwild wie z. B. Wildgeflügel muss vor dem Einfrieren ausgenommen werden. Wildgeflügel im Ganzen bindet man vor dem Einfrieren zusammen. Die Lagerzeit von tiefgefrorenem Wildgeflügelfleisch sollte 6 Monate nicht überschreiten. Bei längeren Lagerzeiten trocknet tiefgefrorenes Wildfleisch ein und wird strohig bzw. lederartig. Wichtig beim Einfrieren ist es, die Fleischstücke gut zu verpacken und mit Datum, Inhalt und Gewichtsangabe zu versehen.

Wild auftauen

Tiefgekühltes Wildfleisch zum Auftauen zugedeckt in den Kühlschrank stellen. Die Auftauzeiten sind je nach Gewicht bzw. Größe der Fleischstücke unterschiedlich. Für etwa 0,75–1 kg Fleisch muss man mit etwa 24 Stunden Auftauzeit im Kühlschrank rechnen.
Das aufgetaute Fleisch sofort weiterverarbeiten und das Auftauwasser wegschütten.

Hinweise zum Niedertemperaturgaren

Niedertemperaturgaren (mit der 80 °C- oder 95 °C-Methode) – ist das sanfte Garen im Backofen bei einer Temperatur von 80 °C oder 95 °C (Ober-/Unterhitze). Wichtig beim Niedertemperaturgaren ist das richtige Anbraten. Die Fleischstücke müssen rundherum in heißem Fett oder große Stücke wie Geflügel im Ganzen im Backofen angebraten werden. Dabei gerinnt das Eiweiß an der Fleischoberfläche und es bildet sich eine Kruste, die zum einen für ein gutes Bratenaroma verantwortlich ist und zum anderen dafür sorgt, dass der Fleischsaft im Inneren bleibt. So können die Bratenstücke nicht austrocknen, sondern bleiben zarter und haben eine rosa Farbe. Gleichzeitig werden beim Anbraten evtl. vorhandene Keime auf der Fleischoberfläche vernichtet. Dann geben Sie das Fleischstück nicht zugedeckt in den vorgeheizten Backofen, und je nach Fleischdicke gart es mehrere Stunden vor sich hin.

Wichtig: Kontrollieren Sie die Backofentemperatur mit einem Ofenthermometer und regeln Sie die Temperatur wenn nötig nach. Die Backofentür sollte zwischendurch möglichst nicht geöffnet werden, um einen Temperaturabfall im Backofen zu vermeiden.

Mithilfe eines Lebensmittelthermometers können Sie nach der empfohlenen Garzeit prüfen, ob Ihr Bratenstück fertig gegart ist. Die Kerntemperatur des Bratens sollte, nach Ende der empfohlenen Garzeit, zwischen 65–75 °C betragen. Wird diese Temperatur noch nicht erreicht, muss der Braten im Backofen weitergaren.

Register _____

Spezialitäten

Schnell oder einfach

Beilagen-Rezepte

Für Fragen, Vorschläge oder Anregungen stehen Ihnen der Verbraucherservice der Dr. Oetker Versuchsküche Telefon: 00800 71 72 73 74 Mo.–Fr. 8:00–18:00 Uhr, Sa. 9:00–15:00 Uhr (gebührenfrei in Deutschland) oder die Mitarbeiter des Dr. Oetker Verlages Telefon: +49 (0) 521 520645 Mo.-Fr. 9:00–15:00 Uhr zur Verfügung.

Oder schreiben Sie uns:
Dr. Oetker Verlag KG, Am Bach 11, 33602 Bielefeld oder besuchen Sie uns im Internet unter www.oetker-verlag.de oder www.oetker.de.

Umwelthinweis Dieses Buch und der Einband wurden auf chlorfrei gebleichtem Papier gedruckt. Die Einschrumpffolie – zum Schutz vor Verschmutzung – ist aus umweltfreundlichem und recyclingfähigem PE-Material.

Copyright © 2010 by Dr. Oetker Verlag KG, Bielefeld

Redaktion Andrea Gloß

Innenfotos Walter Cimbal, Hamburg (S. 92, 109, 139)
Fotostudio Diercks (Thomas Diercks, Kai Boxhammer, Christiane Krüger), Hamburg (S. 5, 11, 16, 19, 23, 26, 30, 32, 34, 41, 47, 51, 52, 54, 57–59, 63, 67, 70–74, 78–82, 86, 89, 91, 93, 95, 104, 107, 115, 118, 121, 127–130, 133–135, 142, 146–149, 155)
Ulli Hartmann, Halle/Westf. (S. 137)
Bernd Lippert (S. 55, 60, 132)
Janne Peters, Hamburg (S. 66, 153)
Antje Plewinski, Berlin (S. 8, 62, 77, 88, 103, 145, 150)
Christiane Pries, Borgholzhausen (S. 111)
Hans-Joachim Schmidt, Hamburg (S. 39, 138)
Axel Struwe, Bielefeld (S. 6, 7, 12, 13, 18, 20, 21, 35, 37, 42, 48, 90, 94, 97–101, 108, 113, 122, 123, 126, 152)
Norbert Toelle, Bielefeld, (S. 29, 33, 36, 44, 49, 85, 96, 131, 141, 151)
Brigitte Wegner, Bielefeld (S. 61, 64, 112, 114, 143)
Winkler Studios, Bremen (S. 25, 43, 56, 65, 83, 117, 125, 140)
Bernd Wohlgemuth, Hamburg (S. 15)

Rezeptberatung Annette Elges, Bielefeld

Rezeptentwicklung Hans-Peter Huke, Bielefeld

Lektorat no:vum, Susanne Noll, Leinfelden-Echterdingen

Nährwertberechnungen Nutri Service, Hennef

Grafisches Konzept und Gestaltung MDH Haselhorst, Bielefeld
Titelgestaltung kontur:design GmbH, Bielefeld
Satz MDH Haselhorst, Bielefeld
Druck und Bindung Mohn media Mohndruck GmbH, Gütersloh

ISBN: 978–3–7670–0727–7